U0599266

全球最简单高效的陌生人交际法则

没有陌生人的世界

如何用最短的时间和陌生人成为好朋友或合作伙伴?

The World Without Strangers

李维文 / 作品

C²S 湖南人民出版社
PUBLISHING & MEDIA

博集天卷
CS-BOOKY

图书在版编目（CIP）数据

没有陌生人的世界 / 李维文著. —长沙：湖南人民出版社，2013.6
ISBN 978-7-5438-9323-8

Ⅰ.①没… Ⅱ.①李… Ⅲ.①人际关系学–通俗读物 Ⅳ.①C912.1-49

中国版本图书馆CIP数据核字（2013）第086043号

©中南博集天卷文化传媒有限公司。本书版权受法律保护。未经权利人许可，任何人不得以任何方式使用本书包括正文、插图、封面、版式等任何部分内容，违者将受到法律制裁。

没有陌生人的世界

作　　者：李维文
出 版 人：谢清风
责任编辑：胡如虹
整体监制：李吉军
特约编辑：刘　霁
版式设计：姜利锐
封面设计：主语设计

出版发行：湖南人民出版社 [http://hnppp.com]
地　　址：长沙市盘营东路 3 号
邮　　编：410005
经　　销：新华书店

印　　刷：北京嘉业印刷厂
版　　次：2013 年 6 月第 1 版
　　　　　2014 年 1 月第 2 次印刷
开　　本：710mm×1000mm　1/16
印　　张：17
字　　数：250 千
书　　号：ISBN 978-7-5438-9323-8
定　　价：35.00 元

（若有质量问题，请致电质量监督电话：010-84409925）

"陌生人"优秀交际20个黄金习惯

★通过任何一个细节，展示你的个人品格，而不仅仅是"表面魅力"。

★当你处在互动中时，记得时刻展现主动积极的态度，切记不要传递消极和逃避的信息。

★给对方一次握手和一个拥抱，为什么不呢?

★切忌第一：不着边际地聊天和回避重点的态度，会使双方都受到伤害。

★首先理解别人，理解是一切情感的基础。

★信守承诺，避免不经意的食言。

★直截了当，有什么想法就要第一时间说出来。当然，要采取恰当的方式。

★尽可能一对一地交流，提高沟通效率。

★倾听：在你不方便说话的时候，闭紧嘴巴，然后去附和对方的发言。

★不断地更新信息，增加对对方的了解。你必须知道"现在的他"，而不是"过去的他"。

★不要停止自我教育，永远跟上潮流。

★适当的身体锻炼，不但有益于身体健康，而且可以和人拥有很好的交流话题。

★掌握方向，切忌被对方牵着鼻子走。

★尊重对方的习俗和爱好，站在他的角度，用他的方式与他交往。

★培养正确的谈话习惯，努力使交际变得愉快：你能畅快地说出自己的想法，也要让对方听起来心里很舒服。

★接近那些比你优秀或将来会变得优秀的人，这是交际的重要目标。

★懂得幽默，懂得调节交流的氛围，展示你的吸引力。

★智商很重要，但情商必不可少。你必须察言观色，体会他人的内心，并且适时地满足人们的"需求"。

★真诚的赞美：当你恭维时，说出心里话，用眼睛告诉对方"这是千真万确的"。

★对对方的疑问做出积极的反应，提供合作机会，一起解决问题。这是达到成功的前提，而一切交际的目的都是成功，无论是物质上的还是精神上的。

3分钟帮你分辨一些重要的表情和身体语言

★真正的吃惊表情转瞬即逝，超过一秒钟便是假装的。

★撒谎者不像惯常理解的那样会回避对方的眼神，反而更需要眼神交流来判断你是否相信他说的话。

★男性的鼻子下方有海绵体，他们摸鼻子代表想要掩饰某些内容。

★手放在眉骨附近表示他的羞愧之情。

★在叙事时眼球向左下方看，这代表他的大脑在回忆，他所说的是真话；而谎言往往不需要一个回忆的过程。

★在说话时单肩耸动，表示他对于自己所说的话极不自信，也是说谎的一种表现特征。

★人在害怕时会出现生理性逃跑反应——血液从四肢回流到腿部（做好逃跑准备），因此手的体表温度会下降。

★在明知故问的时候，人的眉毛有时会微微地上扬。

★如果对方对于你的质问表示不屑，通常你的质问就会是真的。

★假笑时的眼角是没有皱纹的。

★当面部表情两边不对称的时候，他们的表情极有可能是装出来的。

★摩挲自己的手，是一种自我安慰的表现。当你不相信你自己所说的话时，这样可以使自己安心。

★抿嘴两次，这是典型的模棱两可。

★双手抱胸、退一步，这是一种肢体抗议，说明他正在说的话并不可信。

★虚情假意的人不会眨眼，因为眨眼时的动作会透露人内心的真实情感。

★纵火案犯与强奸犯在动机上有着惊人的相似，你可以调取一些审讯记录来分析，一定能从中发现他们相似的作案心理。

★说谎者在说谎前眼神会飘移。在想好说什么谎后，他们的眼神就会表现出肯定。如果你冷静地反驳，说谎者则会再次出现眼神的飘移。

★撒谎者面对一个提问时，通常会先有点失措，然后借假笑的时间迅速思考，想出一个并不高明的谎言，然后异常坚定地回应。而且，他会一直自言自语，越说越多，因为沉默的时候，他总觉得别人还在怀疑他。

★话语重复，并且声音上扬，这说明他在撒谎，至少有部分是不真实的。

★说话缓慢轻柔，表明了内心极度的悲伤和焦虑。

★轻微的摇头表示"不"，当我们在说"yes"的时候却言不由衷，就会不小心做这个动作。

★眉毛挑起然后皱到了一起，有可能表明他在害怕或有所畏惧。

目　录
Contents

打开陌生世界之门

高 原

从出生开始，我们就站在了一个陌生世界的门口。

有的人想钻进去，有的人想逃出来。更多的人，则是迷失在了寻找那把开启陌生世界大门的钥匙的过程中。

"你感到孤独吗？"

"是，我万分孤单，我该怎么办？"

我们的人生就是一场孤独的旅行。我们就像身在一艘救生艇中，漂泊在风浪湍急的大海之上；又如同处于一节拥挤的车厢内，在漆黑一片的隧道中颠簸而行，身边坐满了陌生而又满脸警惕之色的人。

此时此刻，你备感无聊和寂寞，那么你应该如何改变这种令人窒息的氛围呢？

有人冷冷地说："我害怕受到欺骗，因此绝不付出信任。"结果就是他的朋友很少，总是一人独行。他是规则下的伪善者，无情地进行生存争夺。

还有人告诉我："我在交朋友的时候大方主动，却也收不到什么回馈，这是为什么？"他是道理的实践者，满怀热情却四处碰壁，这在我们生活中并不鲜见。

怎么对待陌生人，是相信还是保持警惕，是付出你的热情还是始终冷漠以对？这确实是一个问题。我们如何从容地生活在今天这样一个强大的陌生人无孔不入的社会，也是一个问题。

我至今还记得学生时代的一件事，父亲送我坐火车去离家两千里的学校报到。在长达两天的漫长旅途中，我紧张得不敢睡觉，小心翼翼地抱着手中的包，盯着旁边的行李，生怕一个不小心，它们就被人夺走。周围的人我一个都不认识。

他们来自全国各地，长着各式各样的面孔，冷漠而无情的眼神从我的脸上迅疾地横扫过去。

他们好像都在对我说同一句话："你离我远点！"

而我，也想对他们说："我对你们非常提防！你好像杀人逃命的凶手，他如同身手敏捷从不落空的惯盗！"

如果不是我的父亲，我可能将这种"第一印象"背负一生，从此变成一个不敢跟人打招呼、不想和陌生人说话的人。

四周如林的敌意，会让你用更为浓烈的敌意将自己包围、保护起来，在自己与外界之间挖出一条宽大的护城河，建成一座坚固的城墙，然后永远躲在城堡里面，再也不肯出来。

大约晚上十点多，父亲拿出了随身携带的食物，递给一个正在他身边哭闹的孩子。那个孩子已哭了一个多小时，他的妈妈无计可施，也没人上来帮忙。父亲用食物成功地止住了孩子的哭声，赢得了那位年轻妈妈感激的目光。

随后，他们开始聊天。起初是讨论孩子的教育问题，然后，有更多的人加入进来，热烈的讨论涉及越来越多的话题。

当我们下车时，主动把自己的联系方式告诉父亲的人，竟然有七个。他们交换了许多东西，尤其重要的是交换了信任。

父亲后来对我说："付出你的善意，是让人尊重你的前提。以最大的恶意揣测别人，你就不会有朋友，出门在外，也很难获得帮助。"

啊！世界不应该是一艘容量有限的救生艇，而是一个温暖的大房间。

每个人都渴望进入别人的世界，渴望与他们沟通和交流。这是一个事实。

你，我，他们，人人都怀着强烈的冲动，希望被人了解，并对别人的世界备感兴趣。在生活中，我们和陌生人接触的机会也有很多。可是，怎样才能找到话题并让别人对你真正地产生兴趣呢？

善意，就是我学到的打开陌生世界大门的第一把钥匙。

我有一个香港同学，他的性格很内向，很不喜欢跟陌生人聊天。他是一个有些自闭和羞涩的人，虽然也想多结交朋友，但口才不太好，也不怎么会说话。有时，他只要多说两句，就会破坏气氛，让对方很不高兴。而且，他尤其不会和陌生人说话，搞得直到现在，连女朋友都没有。

去年秋天，他到华盛顿出差，借此机会，我请他参加了我们举办的一次"陌生人活动"。我告诉他："凯伦，你不用特意为此准备，就抱着平常的心态，像下班回家一样过来就可以了。"

当晚，他真的只穿着普通的休闲西装，蹬了一双阿迪达斯的跑鞋，准时到了现场。

一个晚上，两个小时，他就收到了三十张名片，全部来自陌生女性。他在现场表现得风度翩翩，举止有礼。但是，这只限于他一个人的世界。当有人试图和他深入交流时，他马上就紧张起来，汗流浃背，完全不知道和陌生人该聊什么。

"嘿，你好……"

"嘿……"

然后，他呆滞木讷地站在原地，表情怪异，热切地盯着对方，希望对面的这个女孩能引导他继续谈话。

他手里没有这把钥匙，并不仅仅是因为他缺乏开口的勇气，关键是，在他的感受里，自己面对的是一个完全陌生的人。这种感受是由人的心理造成的。假如你看到的世界是陌生的，它就会对你展示出"铜墙铁壁一般的坚硬"；假如你看到的世界是透明的，是充满机遇的柔软的海洋，它就向你展示"开阔与温暖的空间"，让你在它的怀抱中体会到何为如鱼得水，收获丰富的人际关系。

本书的目的，就是帮助读者解决人际关系中最重要的一个环节：建立你和任何一个陌生人的连接通道，让那些"明明看到却错过"的关系成功地转变为"发现即意味着联络"的实际人脉，让我们身边的陌生人世界，变成零距离的"熟人社会"。

即使原本跟你无关的路人甲和路人乙，他们若走进你的世界，释放出的能量可能会改变你的生活！你和谁有着联系，与你是谁同样重要。你的心灵空间有多大，决定着你的世界有多广阔。

我们每个人都不是独立的个体，不要幻想宅在家里就能度过一切生老病死，幸福地活到生命终结的那一天。

只有亲人最重要吗？不！我们怎么可能跟陌生人没有任何关系呢？渴的时候，你会去超市买饮料；饿的时候，你会到旺角餐楼或洛城的中餐馆吃饭；缺钱时你会去银行；无聊时，你也会在网上和网友聊天。

我们每天都与各行各业的人接触，或是与无数陌生人擦身而过，但你可曾想过，这些我们视为平常和我们只有一面之缘的陌生人，也许就是改变我们的生活、让你今后的人生发生重大变化的不平常的人物？

没错，"陌生人"并不像我们的亲朋好友那样具备当前的重要性，但是往往就是这些人才能以客观、抽离的观点为你提供看待问题的新方式，并加深你对人与人之间关系的理解。

只要身处这个社会之中，我们就不可能封闭自己。这是一个任何人都无法回避的现实。所以，每个人都要坦然地面对这一点：我们需要融入陌生人社会，更需要时刻充满自信。我们要熟悉本书所提供的建议，并利用生活中的一切机会加以练习，变得勇敢与诚实，然后才能收获朋友，让自己更受欢迎，从而主导自己的命运。

李维文和他的"人脉虫洞"

史密斯　美国政坛著名掮客，USL公关公司联合创建人

建立我们的"人脉虫洞"有什么作用？

★ **改变人际距离，让最远的陌生人变成你最亲近的关系人。**

★ **实现与陌生人"不可能"的零度接触。**

USL公司从成立起，就致力于为完全不同的关系和圈子建设沟通与合作的通道，从而为全世界的每个人——哪怕他们彼此之间是如此陌生，建成一个人人都可在这里各取所需的关系网络和人际平台。

有一位老资格的曼哈顿政客曾经问我："嘿，我亲爱的伙伴，无所不达的'八脚怪'史密斯先生，请你告诉我，我应该怎样在二十四小时内让总统批准我跟伊朗客户的这项商业合作？"

和现在的伊朗人做美国法律禁止的生意？这的确很难，尤其在美伊关系无比紧张的背景下。但是，如果你能找到一位可以从中牵线搭桥的人，通过够分量的人脉关系突破灰色区域的"法律之障"，一切都将变得轻而易举。多年以来，我和李维文在这方面做了大量卓有成效的工作。

我们可以在两个看似不可能的平面之间，开通一个"虫洞"。通过快速的

"人脉虫洞"，我们能够让人脉的六维度空间更为简化，不再需要六块跳板作为节点，而是更加直接和有效，绕过层层阻碍，打通人际交往的根本通道，让你直达目标。

当曼哈顿的查理先生想向伊朗出口一些无害但敏感的设备时——只用于海底的石油开采，而且绝不涉及技术转让。他在国会前不久通过的一项禁止法律面前碰了壁。依照正常的商业渠道，他这桩生意是无论如何都做不成的，不会有哪个部门同意他的出口，海关也会第一时间将他的轮船查获，然后把他送上法庭。按照这项法律，他将遭到数百万美元的重罚，并且入狱两到三年。

我们接手这个案子后，当天就联系了国会的法律委员会，咨询他们："如果有一家公司需要向中东和西亚地区出口一些石油开采设备，需不需要向国会备案并提出特别申请？"对方的回答是："没有这项规定，但敏感技术和地区除外。"

看上去这样的咨询是没有意义的，但我们探知到了国会的底线。当天晚上，李维文联系到了我们的公关公司在国会的老朋友，一位法律咨询专家，同时也是法律委员会的权威顾问。而我则连夜见到了四年前的总统竞选顾问组的一位成员，现在的华盛顿特区出口委员会的副主管林奇先生。

第二天早晨九点钟，问题解决了。通过特殊的渠道和人士，我们拿到了一张特别出口通行证，这项设备的出口将作为民间支援的一项任务得以批准，绕开了国会关于敏感技术和地区的特殊规定。而且，查理的公司从中获得的利益也不会有一分损失。

在整个过程中，我们只找了两个人，他们在这件事情当中起到的作用，比总统奥巴马能够做到的还要重要。甚至可以说，连总统先生都不可能完成的任务，被我们在一夜间搞定了。

显然，你已经清楚，"虫洞"（Wormhole）原本是一个伟大的物理理论，它又称为爱因斯坦—罗森桥，告诉我们在宇宙中存在着能够连接两个不同时空的狭窄隧道。它将宇宙不同的时空连接起来，能够让人瞬间到达另一个遥远的几亿甚至几十亿光年之外的时空，从而为人类提供了时间旅行的可能性。

在人际关系社会，虫洞的存在则像一座简便的桥梁，搭建在一条巨大的河流之上。没有这座桥，你需要绕很远的地方，甚至还会迷路；有了这座桥的存在，你只要几步就能到达对岸，就像从自己家的客厅去卧室一样方便。

假如双方都站在一张巨大的白纸上，这张白纸的大小你可以设定为无限值。我们把它的左上角设为A，右上角设为B，右下角设为C，左下角设为D。这四个点之间的距离，既可以是八千英里，也可以是十亿光年。总之，它们之间的距离是无限大的，就像宇宙的时空一样。

现在，你出发了。你的起点是C，终点是A，你很难在短时间内走完这段路程。在这段遥远的旅途中，你不但要经过许多建筑物，还要穿过无数的星系。甚至在你的有生之年，完成这个目标都是一种奢望。那么，从C到B，再从B到A呢？换种方式如何呢？无论你怎么设计，哪怕找到这张白纸上最近的路线，你也要消耗大量的时间和成本。就像宇宙航行一样，根据传统的方法，航天飞机就算以光速行驶，想要飞出银河系，也不是一个人的一辈子可以做到的。

但是，如果我们将这张白纸翻过来，将C和A这两个点折叠在一起，就像宇宙虫洞理论讲到的神奇一幕，你会发现从C到A什么障碍都没有了。它们之间的距离变成了零——你和另一个人之间只需要迈过一个"并不存在"的点，就能融为一体，连原本最短时间到达的直线距离也不再需要了。

这就是李维文先生的人脉虫洞理论：人和人之间的距离，并非平面而是立体的。我们可以通过改变这种"立体空间"的组合方式，达到缩短人际距离的目的，实现人际交往的"瞬间沟通"和"直接交流"。

根据这个理论，我们都需要重新评估自己在人际交往中的角色和位置。现实是，几乎所有的人都被困在了一张传统交际模式的大网中。我们要在短时间内跟陌生人建立成熟稳定的关系几乎是不可能的，动辄就要付出巨大的代价。但是，如果你能巧妙地制造人脉虫洞，打破阻挡其间的牢固的障碍，突破传统思维，另辟蹊径，利用已有的但容易被人忽视的那些至关重要的渠道和资源，那么只需要一瞬间，我们就能与最遥远的陌生人搭上关系，成功地向他输出商品和思想，甚至建立更加深刻的关系。

2010年，在加州拥有几百公顷农场的共和党议员索恩·汉普雷斯的一笔生意遇到了麻烦，花了数十万公关费用，却没有起到一点作用。他的产品在进入阿根廷时，被对方的海关扣住并试图课以重罚，然后再把这些注定会在半个月内腐烂的水果扔进集装箱，运回美国。

索恩发现他遇到了一道比登天还难的门槛，这些南美人在故意刁难他。他开始认为南美是人际关系的黑洞，和手腕灵活、善于沟通的东亚人有着天壤之别，花多少钱也无济于事。在他眼里，既讲究原则又喜欢妥协的东亚人是天使，既不妥协又没有原则的南美人就是撒旦。

他说："他们不买我的账，甚至不买美国的账，现在不是20世纪90年代了。史密斯，请你帮我摆平这件事。"

问题的关键并不是"索恩的水果被挡在了海关"，而是"为什么被挡在那里"。这是许多人无法理智面对并解决自己所遇到的难题的根本原因。人们通常倾向于指责某种遭遇和自己痛恨的现象，却忽视了冷静下来，分析问题究竟出在哪里，究竟怎样做才能让事情重回正轨。而这正是我们要帮助人们解开的绳结。把事情做对了，你会节省掉99%的步骤和力气，在别人还在愁眉不展、无所作为时，就轻松地掌握主动权，控制事情的进程和结果。

换言之，这就是"虫洞"的秘密，请找到这个通道并灌入能量吧！当它蓄能启动时，你所面临的"人脉黑洞"将迎风而散，你将从一切困局中拔出腿来，发现自己的人生柳暗花明。昨天也许还是一团糟糕，今天已经像受过洗礼的信徒一样满心欢喜！

我的形容并不过分，两天后，索恩的表现说明了一切。李维文没有将目标对准海关，他迅速联络到一位阿根廷的政界要人——这名政客在几年前曾是我们公关公司的常客，他参与了多起对白宫的游说，出资不菲并从游说中获益。他当然乐意出手相助，不但抖出了这桩意外背后的内幕；还说通海关及时放行，保证索恩的水果在还散发着甜美香味时，就能够摆放在市场上，以一个合理的价格出售给阿根廷人。

你是不是经常感觉到自己也正处于人脉的"黑洞"中呢？黑洞当然是一种可怕的天体，就连光也无法逃出它的吸引和控制。当你在自己的人际关系中遭遇"黑洞"时，你的所有吸引力都无法散发出来，不会有人注意到你，你成了所有人眼中的"陌生人"，而且还是隐形的。你的世界被一片黑色笼罩，就像我在年轻时那样。再也没有人比我更加了解这种被全世界孤立的滋味：没有一个朋友，到处都是冷漠和陌生的眼神，就算你在人群拥挤的公众场合大声呼喊，除了两名巡逻的警察过来警告你，再不会有人安静耐心地听你说些什么。

只有发现问题的关键并将它解决，搭建出一条"人脉虫洞"，才会让你的人际关系稳定下来，帮助你走出人生困境。同时，理性智慧地管理你的关系，将能够最大可能地将陌生人变成你的人脉圈子的一员。更重要的是，它会开启一扇安全的心灵沟通的大门。

"人脉虫洞"，是一条神秘的时空隧道，也是一个拉近心灵的现实距离的解决方案。你需要用心去与陌生人沟通，用心去跨越那些原本充满了不信任、怀疑和疏远的障碍，在无数的选项中第一时间发现解决问题的最优选项，从而建立你的人脉虫洞，并带着诚意和幸福感存在于这个世界上。

相信我，届时，你一定会发现所有的人都能够理解你，因为你不但付出了理解和真诚，还找对了方法。通过这本书，你必能得到丰盛的收获。

没有陌生人的世界

Part 1

"陌生人"决定你的命运

将"陌生人拥抱"实践到每一天

★今天拥抱一名陌生人,明天就可能收获十份回报。

★"拥抱"并不是我们的直接目标,你必须在此过程中真诚地表达你的善意。

一次连接五百座
城市的试验

由USL公司举办的"问候陌生人"活动，到2011年已经进行到了第六届。活动特地选在11月21日，这一天是"世界问候日"。我与我的合作伙伴史密斯联合布鲁克先生，一起做了一个连接五百座城市的问候试验。

布鲁克先生是"传递陌生爱心"活动的发起人，他为此事业已贡献十几年，所需费用全部来自募捐。当他与我们取得联系后，USL公司决定提供六十万美元作为未来三年的活动经费，并欢迎他加入我们的团队，为公司的某些公益性质的人际关系项目提供支持。

这个试验为期五天，唯一的宗旨便是希望帮助人们拉近与世界上任意一人之间的距离。

我们在活动宣传网页上说："无论你想跟谁通话、拥抱，或者简单的握手和问候，都可以发送邮件给我们，我们一定能帮助你实现！"

布鲁克在华盛顿的街头搜罗了二十名来自不同国家、城市和地区的人来参加这次活动，要求每名参与者从早上十点到晚上八点之间完成问候任务，而任务的完成标志，必须是你能够收到陌生人递给你的名片或者一个真诚的私人签名。

将布置的任务完成得最好的参与者，是一位来自洛城的叫作杰森的二十四岁年轻人，他在一家汽车公司做推销员。在十个小时的活动中，他的手上足足收到了六十七张名片和十八个陌生人的信息。

他笑着说："如果不是我累了，想回来休息一会儿，还能收到更多。"

最后，试验的结果显示，竟然有来自近五百个城市的陌生人自觉加入到这个活动当中。在我们的统计中，几乎每个国家的首都有人参与，人们自发地通过网络进行活动的召集，响应我们的"问候陌生人活动"。我认为，其伟大程度不亚于全球停电一小时运动！

实验发起人布鲁克自己也参加到了这个试验当中。他向我们讲述了这几天的"收获"。

"我的目的是观察被问候者的反应，我想数据可以告诉我们，大多数人是坦然接受还是对此充满警惕。

"最初，我是漫无目的的。我看到一名衣着时尚学生模样的美国女孩背着大大的书包，迅速从我身边穿过，仿佛我是空气。她看上去很着急，一边看着手机，一边匆忙地赶路。我快步追上去，大声地喊道：'早上好啊！'

"女孩的反应与我的想象的完全一样。她一下子愣住了，一脸疑惑地问我：'这位先生，你有什么事吗？'当我说明了身份和来意，并告诉她这个活动时，她笑了：'呀，真好，今天这个节日我听说过，但没想到真能收到陌生人的问候。她随即签下名字并介绍起了自己，她是一名高中生，这会儿正准备和同学一起去逛街，她的几个同学想买手机，请她这位手机达人帮忙参考。'若不是正赶着要追上她们，我想，我会乐意接受陌生人的问候的，可以拿出一天的时间来参加你们的活动。'她开心地和我告别，走出几步，又回头要了我的名片，说会继续参加这个活动，只要她有时间，一定打电话联系。

"在特区的长途车站，我看到一名黑人女子独自一人站在角落里，似乎在等人。我上前对她微笑着说：'你好啊，女士！'她迅速地打量我，继而微笑地回应：'你好！你也是来接人吗？'这是我一路走来问候的数十人当中反应最为热烈的参与者，她不但友好地对我回应，而且还主动与我交流。

"我表明了身份，问她：'你会对陌生人的问候设防吗？'她回答得很坦然：'当然不会，我现在等的正是一位陌生人，她来自美国西海岸，是我的一位网友。我说：'嘿，真好，你们会成为很好的朋友。'当然，我也告诉了她一些安全方面的建议，比如尽量避免和这位第一次见面的网友深夜外出。她向我表示了感谢，并对我说，她们已经认识长达五年了，没有什么可担心的。

"最后，我与一对情侣迎面相遇，他们衣着时髦，看上去又年轻又快乐，像含苞欲放的花朵。我欣然地送上问候，男子有些迟疑，警惕地看我一眼，对身边人做出一个保护性的动作，但他身边的女子笑着回答：'你好，先生。'当我表明来意，我们三人都笑了，他们说：'嗯，这是一个好活动，我想应该尝试，接受更多人的善意，这让人感到愉悦！'"

面对陌生人的问候，你是该接受还是设防？

在我们召开的活动总结会上，布鲁克阐述了自己的观点。

"我知道许多人——包括在座诸位，内心对陌生人都怀有深深的芥蒂。十几年前我亦想：呵，陌生的家伙？得离他们远点，我可不想被人抢了钱包，丢了性命。交换名片更是超级傻的行为！现在，我深深地为以前的想法感到羞愧，为什么不坦然接受这些来自陌生空间的善意呢？不能因为世间有骗子就拒绝任何来自陌生人的问候，也不能因为打开门窗会有感冒的危险就将自己关在密不透风的房间里。人与人之间的问候，本来就是一种爱的传递；是人们传播健康向上的情感的一种方式；当我们开始大胆地向陌生人致以问候的同时，其实目标并不是问候别人，而是在问候自己，是在抚摸自己孤独的灵魂。

"当你处处提防，害怕上当受骗之时，实际上你要提防的并不是尚未对你造成伤害的陌生人，而是我们自己的贪婪之心。而当你接受他人的善意问候时，你可能接受的是一场意外的'好运'。

"因此，我们要微笑着对陌生人致以问候，我们还要有施恩不图报的心态，啊，我在付出一些东西，并不求对方有所回报。而且，你要相信自己正是在交好运。"

布鲁克和我的试验小组成员在全美几十座城市的街头遇到的陌生人，对待我们的问候，回答各种各样，但总体来说，我们发现与陌生人的沟通并不困难。这大大出乎我们的意料，因为在拟订活动计划时，许多成员都对我说："头儿，我想我已经开始紧张了。"

"不是所有的人对你的问候都会做出你想要的反应。但是，我相信你能从中发现，人与人之间的交往，最关键的是尊重。不要吝惜你的尊重，你就能得到一个不太坏的结果。"

USL公司的门卫是一位身材矮小的美国黑人约克，他穿着标准的制服，留着胡子，脸上有两个好看的酒窝。他是一个长相很有个性的黑人，就像电影《洛城特警》中那位有趣的黑人警官。每一个公司的职员到达公司时，约克都会微笑着问候一声"您好"，或"早上好""您好吗"这样的话语。

他甚至会跟许多从他身边路过的人说上几句，称赞他们漂亮的衣服，并且祝福他们新的一天都有一个好的开始。

真好！不是吗？约克在我的公司工作已有六年，打动我并让我聘用他这么长时间的最主要原因，正是他每天持之以恒的这一热情主动的行为和积极开放的心态。

试验小组的执行副手和该活动的资金管理人雷顿说："重要的是，我们要避免一些极端的情况，因为有一些理想主义者相信，他们对于陌生人的开朗或友善，会有机会遇到某一个能改变自己命运的人。好吧，他们也许是对的。但是，如果被一个偶然遇到的疯子捅上一刀，这种改变怎么样？对于命运来说，这是必然的悲剧还是一种意外呢？"

有些人在活动中向我们阐述，他们对于开放性的交际行为极为警惕，甚至觉得和陌生人哪怕偶尔的眼神交会也是相当危险的。

"他在看谁，是在看我吗？"

"我不认识他，他为什么看我？"

"他想动手抢劫吗？"

我相信你也曾经抱有这种警惕和怀疑，我们在面对陌生人时都会产生犹豫和疑虑：他们不会有什么不良目的吧？

"啊，如果是这样，那么结果会不会非常危险呢？"

然后，我们往往采取差不多的行动，退一步，对他视而不见，或者干脆"逃跑"。

对于东方人来说，这种表现会更加明显。东方人大都天性内敛、羞涩，有时甚至有些过于拘谨，彼此交流的方式更多的是用含蓄的语言和表情，肢体语言多数也就停留在简单的握手上。人们觉得和不相熟的人打交道时，微笑一下、握握手就可以了，不需要太多的深入交流。

中国、日本和韩国的社会交流氛围比过去更加疏远了，这是在最近的调查中我们得出的结论。东方人的社交气氛看似越来越热烈，但是他们的核心社交圈在缩小。我们将2011年的情况与1980年进行了对比，在1980年，人们可以毫无保留地敞开心扉的对象平均是三或四个人，但如今，这个数字变成了"2"甚至是"1"。

有位来自中国上海的女士告诉我："我可以与之倾吐内心的，只有两个人，父亲和母亲。"

"你的丈夫呢？他不能成为这个人吗？你们是相濡以沫的伴侣，一起生活，互相依靠，抚育孩子，最后将安葬在同一座墓穴。"

她坚决地回答："不行！"

现实居然是这样的冷漠吗？人们对于朝夕相处的亲密伴侣也充满了怀疑，在心灵交流、财产数字和各自的私生活上，都设置了重重防御，那就更别提如何对待街上行色匆匆的陌路人了。

每隔一段时间，随着社会的发展和人际关系的形态变化，"疏远"和"隔绝"这两条并行的主线就会被提出来，成为讨论的热点，也会成为一时的主流风气。看起来，每一代人都会思考大规模的社会变动如何影响他们与亲属、朋友、邻居、同事之间的关系，并做出相应的部署。

但总体上，人们给出的答案并不乐观。除非在你读到这本书时，扭转心态并尝试一种新的思维方式。

人们是在矛盾重重的时代中艰难前进的，几乎没有人相信政府和政客，但他们又愿意使用信用卡，并且愿意把自己内心最深处的情感分享给虚拟的人。这是非常有趣的现象，也是心灵上的突破口所在。

人们既设置了人际关系的严密防线，又期待获得真正的"拯救"，希望得到他人建立信任并与之交流。

大多数人的回答都反映了这样的情况。无论出于怎样的原因，每个人都感觉自己用来培养亲密关系的时间比以前少了，维持亲近关系已相当耗费精力，故而无法对圈子外的世界再感兴趣。然而，我们是否真的可以关掉这扇大门呢？

这取决于你如何定义你的"社交网络"，以及如何限定这个至关重要的问题。

"3·S·H" 运动：给陌生人一次三分钟的拥抱

★这项活动的关键词：

● 三分钟：3 时间

● 陌生人：Stranger 对象

● 拥抱：Hug 行为

"3·S·H"是上面三个关键词的简称，这项活动的本质与众不同，因为我们倡导的并非只是一种行为，而是一项心灵宗旨：名义上我们是在拥抱陌生人。事实上，我们极有可能拥抱的是"熟人"——那些无比熟悉的陌生人，以这种耳目一新的方式增进彼此的关系。

★活动的场所：

它可以在小区的公共活动空间或者电梯内举行，以打破"熟人"的沉默，当心灵时机成熟时，再将它延伸到街道和更广阔的开放性场所，比如购物超市和电影院的出口处。

★活动的本质：

短暂的街头拥抱，恰好体现了这一活动的本质。在拥抱时，人们面带微笑，动作亲密无间——如果你能做到的话。但在这样的表象下，是两个人之间这种毫无缘由的触碰，彼此不了解，更不关心各自的过往和未来，突然深度地拥抱在一起，实现了真正的零距离接触。

那么在此时此刻，人们会想些什么呢？

这是升华心灵的三分钟，重点就在你思考了一百八十秒钟之后，有没有感受到内心对于交流的强烈渴望，以及对于过往疏冷的人际关系的反思呢？

七十万名参与者的感想

我们在全世界拥有接近一百万参与者，还有几十万兼职的工作人员。他们分布在华盛顿、东京、上海、北京、首尔和新德里等每一座超大城市里。在这一天，通过邮件、电话和论坛约定，共同发动了一场伟大的活动。

虽然这对我们来说是非常繁重的工作量，但帮助无数人收获了拓展自己人际关系的经验和欣喜。这项活动打破了陌生人社会的沟通鸿沟，穿越了人们心灵的防线，让人们重新感受到人际相处的温暖，而非痛苦。

经过了长达五年的试验和推广，我们总结出上百万例的"现场经验"。

老人的惊喜

几乎多达百分之九十的老人在被问候后，都会向我们进行回礼。有不少白发苍苍的老人表示："年轻人主动问候他们，是对老人的尊敬，所以我们感到很欣慰。"

已退休的福克斯广播公司（FOX）营运经理奈德巴克辛斯先生特意抽出一天时间参加了活动，他从位于洛杉矶的自己的住宅出发，步行三千多米，途中与六十七名陌生人拥抱和问候，收到了五十四个人留下的联络信息。

奈德巴克辛斯十分兴奋，他在傍晚的总结会上告诉我："这是十几年来最令我感到富有意义的一天。我就像回到了当初发现一部好制作的时光，不，比那还有意义，我终于体验到了生活的最高价值，不是名利，不是寿命，也不是权力，而是真正地收获信任和善意，并且这是互相给予的。"

后来，他分别给自己的七位老朋友打电话或发送邮件，邀请他们参与这项活动。奈德巴克辛斯请他们一定要到洛杉矶和华盛顿的两个"陌生人拥抱"总部看一看。

他说："即使你们只是站在路边观察一分钟，也能为生活带来无穷的积极的改变。你们看到的不仅是简单的拥抱，它更像是一个与这个世界进行心灵交流的按钮，这是一个具有标志性的伟大行动！"

旅者

艾薇是到美国旅行的华人女孩，她身在他乡，还有四个月才能回国见到家人，因此时常感到很寂寞，当我们的工作人员在华盛顿街头向她送上拥抱时，她突然泪流满面。

"我只是感到莫名的温馨，这一瞬间，我觉得自己不再孤独了，遍地都是朋友，这是我今天体验到的！"

有些客居上海的美国人在参与活动后，给我们发来邮件："这是一次愉快的体验，我突然发现，原来自己拥有这么多机会去认识更多的朋友。"

汽车司机

几乎所有的受访的司机都表示，这是一件相当了不起的好事情，他们长年在户外工作，总是行驶在途中，一个拥抱让他们的心态更加平和了。

驾驶着一辆路虎车的乔说："这至少让我的开车安全了许多，我不再走神，而是沉浸在幸福的专注当中。"

他们从孤独的旅途中发现了一盏盏温暖的"明灯"。我们的回访证明，有近百分之九十的汽车司机在获得我们的拥抱后，减慢了自己的车速——有意识地将速度控制在了安全范围之内，减少了无故超车和与别人拼速度的冲动，这使得他们发生车祸的概率大为降低了。

门店老板或营业员

在伦多大道上的一家超市老板说："我盼望有这样的活动很久了，我经常向客人打招呼，我认为这能增进相互的了解和信任，让人们感受到你的善意，从而更加舒心。"

通用公司的销售中心经理肖恩说："这让我觉得，人与人之间不只是冷冰冰的利益关系，就像我们卖掉一辆汽车一样，我们送上的不是一种出行工具，而是无限的贴心服务。"

低阶工作者

有些蓝领和低收入者参加了活动，一位街头的环卫工人莫尔对我说："像我们这样的工作不太被人重视，路人主动过来打招呼的情况几乎没有。因此，我将一生收藏这个拥抱，还有这一声问候。"

另一位低收入者超市员工基德说："一声代表尊重的问候，让我今天格外开心，原来我并不孤单。"

带着孩子出行的年轻父母

许多带着年幼孩子的父母，当他们遇到陌生人的问候时，会马上向我们回礼。有些父母还特意拿出礼物进行回赠，并让孩子看到。这些父母表示，这是对孩子的礼仪教育，对孩子来说，可以近距离观察如何与人打交道，体验这种气氛，并掌握一些基本的礼貌规范。

但是，最冷漠的情况也经常出现：

"喂，我听不懂你的话呢！"

"你在说什么呀？"

"请离我远一点，好吗？我感到了危险！"

"我没时间，请别骚扰我！"

芝加哥街头，有两位白人妇女从车里下来，拖出行李，还从后备厢里取出了几个大包，身材瘦弱的她们，看上去有些气喘吁吁。

这是一个阳光明媚的上午，真是问候他人的好机会，不是吗？我上前笑着说："两位女士，你们好，需要帮忙吗？"

但是，这次我遇到了冷漠的墙壁。她们疑惑地看着我，神情充满防备，目光就像四把刀子。

我表明了身份，并且告诉她们，今天是"世界问候日"，我们在举办一次拥抱陌生人的运动，邀请她们参与。

"谢谢了，但我们不需要！"她们一边道谢，一边将自己的大包拖进酒店大门，拒绝了我要帮忙的好意。

在拉斯维加斯，一位妇女则对工作人员说："我是来等人的，我听不懂你的话，我对你们的建议也不感兴趣！"

还有一些人，当我们展开双臂准备付出善意时，突然就跳出很远，甚至掏出电话准备报警。即便听到了我们的解释，也仍然很不高兴地说："我还以为你想抢劫。"

无处不在的"冷漠"并不能阻止大多数人的热情。人们记不住陌生人的面孔，却能记得住微笑，多数人的心里非常受用这种人与人之间的友好互动。因此，我们取得了大量真实而有趣的案例，这证明了人们在拓展心灵和开拓人际关系方面的强烈需要。

人们面对的问题并不是"想不想"，而只是缺乏一个好的平台。

我们的困惑：陌生人社会

为什么中西方对待"陌生人"的态度差异会如此之大？在国内、日韩以及欧美举办的活动和相关见闻，让我非常坚定地认为，东方人在进行"陌生人拥抱"试验时，非常羞怯和退缩，我们遭到拒绝的比例长期保持在百分之四十以上，西方人只有百分之十五。

世界问候日和"3·S·H"运动

还有，我们为什么选在世界问候日举行"3·S·H"运动呢？

1973年11月21日，澳大利亚的姆可·马克与米切尔兄弟两人，自费印刷了大量有关问候的宣传材料，寄给世界各国政府首脑及世界知名人士，向他们详细地阐述设立"世界问候日"的重要意义。

就在这一年，全球第一个世界问候日诞生了。

随着时代的发展，"世界问候日"的宗旨和主题也发生了变化，由最初的通过寄发问候信、呼吁和劝告各国领导人，放弃军事手段以和平方式解决分歧，发展成为普通人之间的相互问候，并用以促进人类相亲相爱，增进各个民族、种族和不同国家的人们之间的理解和交流。

这是一个伟大的节日。我们在地球上已是如此孤独，这一节日的目的就是让我们摆脱这种无穷无尽的孤独感。

但是，为什么这样具有意义的日子和行为无法在人群中推广开来呢？我们的目的很简单，希望借助"问候"这个最鲜明直接的词语，激发每个人了解并融入身边世界的兴趣。尽管人们已为此付出许多，但或许我们能提供一些更好的方法。

无论这个世界是如何发达，物质和技术充斥了每一个空间，给予了个体足够的娱乐平台——技术的进步却让人们变得更加闭缩了。但是，一个基本的事实无法被改变：人与人之间近距离的交往永远都是必需的，一概地拒绝"陌生人"的做法只会对生活产生消极甚至灾难性的影响。

打破陌生社会的屏障，别再不加控制地释放自己的冷漠，这个社会才有温情，而一个充满了温情的社会才能健康地发展，我们才有可能变得不再孤独。

有位科学家进行了一次心理学实验，他让一只老鼠饿了将近一个星期之后，再让它跑迷宫。在迷宫的出口处放一块它最喜欢吃的饵。由于饥饿的驱使，它会循着迷宫的道路找到出口。当它看到那块饵时，会迅速往前冲。科学家在出口处布置了一个电击区，这只老鼠往前冲时，便会遭受电击，这样的痛苦使得老鼠痛得大叫，迅速地往后退。可是，因为电是无形的，老鼠看不到任何使它痛苦的东西，再加上饥饿的驱使，这只老鼠会再一次往前冲，再次受到电击，再次吱吱大叫地往后退。

然后呢？它开始犹豫了！虽然饥饿感会驱使它继续会往前冲，但经过数次疼痛的电击之后，这只老鼠终于放弃了。它只好张着嘴巴，呆呆地望着那块饵，它不敢再往前冲。痛苦的感觉已经超过了饥饿的需求，生命的本能、存在的本能、恐惧死亡的本能，已经迫使它无奈地放弃自己的饥饿需求。

几个月后，科学家再一次让这只老鼠饿一个星期，然后再让它跑同样的迷宫，在相同的出口处，放着同样的饵。这只老鼠受到饥饿的驱使，仍会继续寻找出路，找到那块饵。跑在相同的道路上，它的心里渐渐升起一种熟悉的感觉。当它走到出口附近时，这一次在电击区里并没有通电，也没有任何障碍，可是它会减慢步伐，小心翼翼地去留意周围的情况。

就像这场重要的实验一样，我们将它延伸到人际关系的领域，就会发现一个惊人的事实，人们也像老鼠一样凭借经验来调控自己的人际态度。人与人之间的交往渐渐具备了"慢热气质"，人们适应了任何交往和沟通必须经过一个漫长的"了解"过程。

当拥有某种受创经历后，人们出于对自我的保护，对于任何突然而陌生的问候都会产生防备心理，本能地产生"他想干什么？""他会不会对我造成危险？"诸如此类的质疑。

这是我们选择在"世界问候日"举办这场活动的原因，我们希望借助某种强烈的信号（节日的暗示），帮助每个人都更有力地打破内心已经形成的惯性认识。

"哦，原来事情并不像自己预见的那样，跨出这一步我很安全，前面没有'电击'，也不会有其他危险。"

那么，你还等什么呢？

为什么还不向前迈出自己的脚步呢？

"我们缺少交流环境"

我们会发现，如果有人愿意主动与陌生人交流，通常需要一个恰如其分的"交流环境"。比如，在街边的菜市场，你会主动讨价还价，但在超市的菜品大卖场，你却不会这么做。在火车上，你会主动与周围的人聊天来打发无聊的旅途，在公园这样一个美好开放的环境里，人们也愿意与陌生人聊一聊家常琐事。

这表明，注意到不同的交流环境的不同特点是很重要的。在你遛狗时，大多数人都会对你的狗产生更大的兴趣。因为当他注意到你的狗时，你会惯性地去注意那个人。出于基本的礼貌，他肯定会找词儿来夸赞你的狗。这就反映出人和人之间并不是全然冷漠和无情的，而是十分乐意彼此交流的，但不会无缘无故地和陌生人相互聊起来，因此需要一个"借口"，或者某种机缘形成的环境和氛围。

比如，通过论坛、博客、微博等平台，大家关注同一个话题，或者在解决同一个问题的时候，就有了交流的可能性。某一个话题会聚集大量的人进行讨论，其中也会产生各种各样的关系。其中有敌对的双方、结盟的坛友，甚至还有旁观的看客，如同现实生活一样。

制造一条纽带、一个事件，才能把人们有效地联系起来。

当我询问一些人，为何他与潜在的朋友关系逐渐变得冷淡直到终结联系时，他们经常会这样回答："缺乏交流的机会。"

没错，由于交流机会的匮乏，使得本来可以深入的人际关系遗憾地离你而去。社会学家卡尔文·莫里尔曾经致力于研究如何定位人们之间的关系，比如他说，要想刻画人与人之间的关系，"亲密""不亲密""主要""次要"这些词并不能涵盖位于两极之间的各种不同程度的人际关系。

"我们应该超越这一简单的（从某种程度上说还是误导人的）二分法，去认识处于两个极端位置之间，并会对人们产生重要作用的各种各样的社会关系。"

这也是雷顿认同的观点。而在我看来，决定人与人之间关系的"定位词语"，除了血缘和家庭关系之外，完全取决于你和对方之间的交流环境以及它所起到的作用。

比如，刚刚能进入你的朋友范畴的，是一些意义更大的重要的陌生人，也就是我们比较熟悉的人。他们通常是你已经认识较长时间或者见过的次数较多的人，也许你对他们的了解也比较多和深入，比如你的老板或者经常使用的发型师，你们有着固定的环境进行交流，你的生活受他们的影响较大，或者说你和他们之间有着重要的、相互的"接受—给予"的环境决定的关系，他们能影响你的生活质量。

在这些比较熟悉的人之中，可能会有人随着时间流逝和交流环境的增加，从而演变成为与你关系更密切的人，成为你的至交好友甚至你所珍爱的人。但是，如果环境发生了变化，比如你离开了这家公司——与该公司的上司、同事的联系也随之减少；离开了这座城市——与这座城市的发型师的交往顿时降为零。那么，他们与你的关系可能立刻从"朋友"变成了"一般人"，然后随着时间的流逝，逐渐成为"完全不再联系的陌生人"。

也就是说，在那些不重要的"陌生人"关系中，许多人最终并不会在你的心里占到多么重要的位置，原因就在于交流环境的层次不同。不同特点的环境，决定着你与这些人的关系如何进展。

比如一名邮递员，他不过是时常来给你送一封信、一个邮包、几件从远方寄送来的圣诞礼物。你们之间的交流仅限于此，无法继续深化。或者你最喜欢的熟食店里的那位漂亮的女店员，你和她虽然有过很多次接触，但除了每周去付一次钱，从她的手里接过包装好的美食，你还想怎么样呢？

"我们渴望安全"

问题是，人人都需要安全感，渴望一个安全的交流环境。世界问候日的存在基础，或许就在于它提供了这样一种职能：你通过某些行为（比如问候），随时可以与陌生人互相给予"安全感"，增强你的内在自信和对于"付出善意"行为的肯定。

在内心深处，每个人都渴望与能使我们感到安全的那些人联系在一起。我们寻找不同的方式，来获得被熟悉的人所环绕的感觉。这样，很多关系就成了每天或者每周都要呈现的常规化的标志。

有时候，我们会非常强烈地期待某些人在某些场合的出现，以至于如果在那些地方没有见到他们，或者在另外的场合遇到他们，就会感到不太正常，内心十分焦虑，进而影响到自己的情绪。

小时候，父母给了我们这种熟悉的感觉。小孩子一天到晚不论走到哪儿都希望时时刻刻能看到父母在自己的身边，一旦视野中失去父母的身影，就会哇哇大哭。这正是源于孩子的意识里，"安全感"的需要。父母的存在让他们感觉安全，一旦离开父母就顿时好像"失去了全世界"。

再比如你的妻子，你希望回家的第一眼就看到她在厨房忙碌，或正在客厅看电视，这些既定的场景会让你感觉"安全"。一旦有一天，当你打开房门，发现家中没有她的身影，而她又没有事先通知你，你就会觉得很不正常，也会感觉很不安。

接下来你的行为，一定是打电话联系她；如果联系不到她（关机或不接），你的内心就会生起重重疑云："她在做什么？"你会立刻给她的朋友和亲人打电话，然后在沙发上坐立不安，直到确认她的行踪，才能放下心来。

我们所做的每一个决定，在哪里居住，在哪里工作，买什么东西，业余时间做什么，如何与上级或长辈交流（或者不与他们交流），都会将我们推到一些全新的重要的陌生人之中。与此同时，在做这些决定时最根本的原因，都是为了保护和增加我们的安全感。

在一次对加州教育界从业者的"人际关系和教育心理沟通"课程的培训中，我对此的总结是："这是所有的人际关系的本质，即便与我们的父母和孩子，其关系核心亦如此。只不过，它对于不同的关系所表现出的形式有所差异，就像我们在不同的季节所穿的衣服也大为殊异是一样的道理。"

陌生人社会的本质

现在，可以谈谈最为"本质"的问题了。人类所有的对于陌生人的恐惧，为什么都是来源于缺乏安全感呢？

我不得不强调的是，当你准备参照本书所倡导的，在某些方面"大干一场"时，首先了解这个世界的秩序和规则是非常重要的，这将帮助你看清我们所生活的这个陌生人社会的本质。

"互不信任"的成本

一个理性和成熟的社会，经过了漫长的演化和调整，度过了许多"混乱"或"幼稚"的阶段，应该就是我们今天看到的"陌生人社会"：人们敬畏秩序和法律，每个人都是井然有序的社会齿轮，自然而正常地运转。正如同你每天都在外面体会到的那样。

但从另一方面来看，在这样的社会中，人们之间也是互不信任的。信任是一种稀有品质，虽然它不停地被强调，并成为人与人交往的第一要求。正因信任在陌生人社会极为脆弱，才使得我们格外重视和珍惜它。

"不信任"会增加社会运行的成本，同时也让人的情绪变得负面。一方面对陌生人处处提防，认为这是让自己的利益免受损害的必要方式；另一方面抱怨人性的冷漠和道德的滑坡。从中我们不难发现，人们的内心其实始终在向往温暖，传统与美德远未消失，人们渴望突破陌生社会的层层障碍，但又对其中可能包含的风险充满了担忧。

有一年夏天，我到国内参加一场商业谈判。在谈判间隙，我抽时间乘坐了几次广州的公交车，通过这种方式观察国内陌生人之间的相处方式。有一次，车里的人很多，我上车之后，就在一个拥挤的地方站着。有一位大约五十岁的中年人，抱着一个两三岁的孩子，正好在我身边靠窗而坐。

车里很闷，没过一会儿孩子就开始哭闹，尖利的哭叫声让车内的人都觉得很烦躁。很多人回头看那个孩子，眼神中充满厌恶。中年人也没什么办法，哄了半天没有效果。这时，坐在他们后面的一个年轻女孩解下了自己背包上的一个白色的小羊挂件，逗那个孩子玩儿。孩子被小羊吸引住了，停止了哭闹，两只小手把玩着这个小小的玩具，看上去对它喜欢极了。

中年人回头看了看女孩，立刻从孩子的手里夺下玩具，对女孩说："不用啊，谢谢，我给他带着玩具呢。"说着从自己的包里掏出了一个塑料鱼。但是孩子对于自己玩腻了的东西是不会感兴趣的，他非要那只小羊，中年人不准他拿，他就又开始哭了。

女孩笑着又把小羊递给孩子，说："好啦，小朋友别哭啦，姐姐给你小羊，送给你当作礼物吧。"真是一个可爱的女孩，她哄着孩子高兴不说，还给他讲起了故事。过了两站，女孩对着小孩摆摆手说："拜拜呀，小朋友。"然后就下车了。

公共汽车重新启动以后，中年人却一把从孩子手里夺过小羊，随手就扔出了窗外！他嘴里咕哝着："这是什么不干净的东西？不能要！"

听到这句话，包括我在内，附近有两三个人同时吃惊地发出了"啊"的一声。

对陌生人给的东西有所戒备，当然也是应该的。但是这只小羊的命运，真的应该如此吗？这次亲身经历让我感到十分不舒服，替那个女孩感到惋惜，也替这位中年人感到可惜。他过于夸张地暴露了自己对于他人的不信任，也在孩子面前上了一堂"起负面效果的人际关系课"。

是什么让我们对陌生人传递过来的真情避之唯恐不及？这会让我们付出多大的代价？

我们的调查小组对于洛杉矶的三个社区——包括一个华人社区，一个由澳洲、欧洲移民组成的社区和一个美国本土的白人社区——总共达五千人进行的一项走访显示，40%以上的人不熟悉自己的邻居。

我们在调查中发现，80.9%的人感觉与十年前相比，他们现在与邻居的关系越来越冷漠了。

"您知道问题出在哪儿吗？"换句话说，我们请他们亲身谈一谈原因和责任。

人们回答说："不知道。"

高达八成的被调查者认为当下的邻里关系越来越冷漠了，这是一个令人尴尬的数据，但恐怕说出了大多数人的心声。它所体现的深层次问题，是人们如何在陌生人社会中展开人际交往，如何在陌生人社会中生活，怎样取得他人信任和零风险地付出自己的真诚。

每个人都觉得自己是真诚和脆弱的，但为什么同时又怀疑别人的善意呢？

美国法学家弗里德曼在《选择的共和国》中曾经这样描述陌生人社会："我们打开包装和罐子吃下陌生人在遥远的地方制造和加工的食品，我们不知道这些加工者的名字或者他们的任何情况。"

他的言下之意，就是人们对于外界并不了解，缺乏足够的信息，只能依赖契约而生存，依赖纸面的信任生活。

这就是陌生人社会的本质。这与传统的熟人社会形成了鲜明的对比。就像我们小时候在家乡生活的那些人与人之间充满温情的难忘场景，正是信任纽带所起到的，而这种信任恰恰是当下社会所缺乏的。

同时，这给我们的启发是，唯有抛弃那种熟人之间的地缘、血缘信任，建立更加广泛的契约信任和理性信任，才能让我们更好地在陌生人社会中生存，有效地消解人们之间越来越冷漠的现状。但是做到这一切是很困难的，因为你必须让自己充满主动性；你需要乐意做一个积极与外界交流并善于分析各类信息的人，如此才能变得成熟和富有判断力。

告别熟人社会

熟人社会的信任在本质上是一种情感型的信任，比如中国以前的宗族社会，人与人以宗族血缘关系相连着；美国人在20世纪的前半段也曾广泛地体现出熟人社会的特征，在18、19世纪的大部分时期内尤为如此；还有欧洲在中世纪的城堡时代，贵族们通过或近或远的血缘保持关系联盟，然后再以利益需求作为"信任"的筹码。

我们知道，"熟人社会"的人际关系前提是血缘或其他亲缘关系，这些关系大多是基于情感联系而建立的。如果没有具体的情感，这些所知的熟人社会的信任模式就无法建立。

其弊端当然是非常明显的：

①人们难以在熟人之外建立更加广泛的信任圈，只相信亲人和熟人，对于其他人一概持怀疑和冷漠的态度；

②对于陌生人和熟人的分割，使得人们很难形成具有普遍性的社会责任观念，这会使人养成普遍性的自私，只扫自家门前雪，哪管他人洪水滔天？同时，人们对于是非和原则的判断，也基于自己站在哪一方阵营。比如，人们总是没有原则地支持熟人，联合起来"攻击"陌生人，而不管具体的对错。

③当然，这是总结式的一条：今天，熟人社会的信任模式，已经不能满足现在交往普遍化的需要了。我们的生活节奏和工作环境早就走出了"熟人社会"，过去的一切交际模式都面临着前所未有的挑战和考验。

社会的进步使人们不停地迁徙流动，文明的进化让人们的交往已无法受限于熟悉的环境和亲友圈，而是扩展到了整个社会。这时，不同面孔和肤色的陌生人携带着各式各样的信息，穿着形形色色的衣服，怀着各不相同的目的，朝着你蜂拥而至。如果你还坚持熟人社会的规则，他们走进你的圈子的概率就非常低，你无法付出信任，他们也很难信任你，如此导致的一连串不良反应，让你再也跟不上这个快节奏的现代社会。

你将面临的困境是，清楚自己缺少朋友，除了几个亲人和熟人之外，你很难再拓展其他的人际关系。当你有困难或需要找人倾诉时，你也难以找到合适的人。

因此，培养适应陌生人社会要求的信任品质，已经是我们不能再逃避的课题。必须抛弃过去的陈旧观念，改变自己的心态，才能进一步融入今天的环境。

美国法学家弗里德曼说："当我们走在大街上，陌生人保护我们，如警察；或陌生人威胁我们，如罪犯。陌生人扑灭我们的火灾，陌生人教育我们的孩子，建筑我们的房子，用我们的钱投资。陌生人在收音机、电视或报纸上告诉我们世界上的新闻……"

这就是陌生人社会。大家互不相识，正是出于保护自己的需要，人们彼此提防，小心翼翼。因为你很难打探出一个人真正的底细。

人们之间很容易互相猜疑，毫不信任，从而彼此测探的过程变长了。

不过，如果你拥有一个开放的心态，总归会比沉溺于"熟人社会"里要拥有更好的机会。与传统社会的人际关系以血缘、地缘为纽带不同，陌生人社会革除了熟人社会的血缘、地域或情感等因素，取而代之的，是通过以职业分工为主要特征来建立人与人之间的社会关系。只要你掌握了其中的规则，总能寻找到建立信任的良机。你可以获得与付出相称的收获，你也可以建立无限宽广的人际网络。

与熟人社会相比，陌生人社会通常被认为充满了不安、冲突、纠纷和恐惧。甚至，陌生人社会里的基本生存原则就是极为残酷的，没有什么人情可讲。比如现代社会犯罪率的增加，就被认为是陌生人社会的产物。在这种情况下，一个人可以不再顾忌认识自己的人对自己的评价，也可以不考虑自己的行为会不会让自己的亲朋好友蒙羞。他不再担心自己所在意的人给自己打上标签。那么他大可以随心所欲，肆无忌惮，他会毫不顾忌地说："这些不认识我的人，不管他们给我打上什么标签，我都不会在意。"

在陌生人社会，从某种程度说，人的身份关系被抹去了，社会角色通常都是隐形的。即便如此，我们仍然需要与熟人社会做一次永久的告别，根本原因就是前面我们探讨到的：我们需要重新评估自己的社会角色，并建立开放性的交际心态，才能在未来收获更多。

"自我陌生"和角色定位

怎样找到你在陌生人社会中的真正角色？

"我是空无的是渺小的，似乎也是不存在的"，这样的空虚感是许多人发自肺腑的感受，也是一个人对于"自我陌生感"的肯定。

没错，我们又何尝不是自己的陌生人呢？也许在我们大多数人的内心深处，也住着一个能量强大的陌生人。我们不了解别人，甚至对自己也失去了理解和判断。我们无法给自己定位，同时也难以找到清晰的参照物。

大多数人——不分种族和国籍，也不分男女老幼，在某个黑夜或者白天，也许会和心里的这个陌生人打一个照面，也许第一个反应就是拒绝"他"。

一个作家在辛苦地写作时，他手中的笔突然停下来了，有一个声音在心中对他说："放弃吧，这样太累了，再休息两个小时，怎么样？"这是一个懒惰而又陌生的自我，对于这个陌生的声音，人的内心肯定是充满疑虑的。他不敢相信，也不愿意相信这个声音，也许这就是人的潜意识。

如果我们清醒地认识了自己在潜意识和显意识中充当的角色，也就不会再为种种选择而自我困扰了。因为我们在这时根本认不清自己，我们就是自己的陌生人，对于潜意识的判断力在此时是迷失的，不知道自己想要的、想追求的是什么，往往会在原地打转，乃至迷失方向。

当然，你也很难清醒地去判断和认识他人！

"我到底是选择去哈佛继续读书呢，还是这几天就想法子找一份工作？"

即便是一个非此即彼的简单问题，也会困扰一大批人。因为他们真的不知道自己想要的是什么，连给自己的社会定位和今后的人生目标，都没有想好。反过来，如果你在内心（潜意识）深处不是自己的陌生人，你就能很清楚自己要的是什么，同时你就能够坚决地朝着这个目标一往直前，不会有太多的犹豫，也不会耽误太多的时间。

再比如，我们可以看看现实中不同的角色定位之间有多么巨大的差异。有的人在出差或者休假时，会让他人觉得他的角色空缺度非常大，人们会不停地说："啊，他什么时候回来呢，许多工作等着他去做！没有他，公司看来很不妙！"但是，另外的一些人，即使一直空着座位，大家也不会觉得有什么差别，人们会感觉有他没他都可以。

你在公司里或者聚会中，扮演的究竟是主角、配角，还是可有可无的小角色，其实并不是谁指定的，而是你自己选择的。你的这种选择，同时也决定了你在今天这个"陌生人社会"中的地位，以及你的人际关系是怎样的。

而且，你现在的角色是可以在一年、三年、五年、十年乃至二十年后发生一百八十度大转变的，这同样也取决于你当时或今后每一时刻的选择。

请你仔细地并冷静地思考一下，你现在的社会角色是什么呢？如果你不能找到一个明确的答案，就需要认真地考虑一下自己是否理性地进行过自我角色定位。如果没有，你就要做一次全面的自我分析和定位。

突破人与人之间的
隐形障碍

比起身体的脆弱和人际关系的糟糕来，"心灵的孤独"在我们的身上所产生的后果才最为可怕，这也是我们举行"陌生人拥抱"活动的一个更加重要的宗旨。所有能取得较好效果的人际关系培训课程，一定都是因为解决了心灵的问题，而不是单纯地提供某种社交技巧。

人们习惯性地主动拒绝更多的交际，不想与陌生人交往，害怕被欺骗或受到伤害，这已是一种普遍的情况。

一定有什么地方出了问题，那么障碍究竟在什么地方呢？

为什么我们不肯相信别人？

在小区附近，突然立起一块"前方正在施工，请您绕道慢行"的牌子，这在国内是司空见惯的事儿。因为前面修路，实行了交通管制。遇到这种情况，你通常怎么选择呢？看到路口的告示，有人折了回去，也有人偏偏就不信这个邪，非要过去看看。

他们觉得这个告示是骗人的，从来不肯相信别人的忠告。

这种情况下，结果是显而易见的。他们勇往直前，执意地开车挤过去，但是过去以后又怎么样？前行不到几百米，就遇上了一堵厚实的围墙，或者有一条宽阔的水沟。只好再倒车、掉头，无奈地打道回府。

这样的情况，怎能不令人大发感慨？有牌子上的告示，有别人的劝阻，可有人还是选择了最令人遗憾的做法：他们的话都是假的，是在骗我！

有一次回国，我听人讲了这件事情，得出一个结论，那就是：现代人只肯相信自己，不论撞墙多少次，他们也不肯相信别人哪怕一次。

我们出去旅游，总能看到一些上山者和下山者擦肩而过，有人上山，当然也有人下山。上山者汗流浃背，却兴致勃勃，并主动和下山者打招呼："山上好玩吗？"下山者疲惫不堪，连连摇头："没什么意思，就两座破庙，几尊菩萨，旅游广告上宣传的水啊花啊，都没有。"上山者听完，不以为然地说："哦，是吗？我上去看看再说。"

我去阿尔卑斯山区的时候，也遇到过这样的事。我问一个意大利人："这座山下的小镇上有一座著名的神像，它在哪儿呢？"

意大利人在我的疑问面前愣了好久，然后笑着回答："这位先生，您看来也上当了，我在这里住了十几年，从来没听说过，也没见过这个所谓的著名的神像。另外我可以告诉您，您是本周问我这个问题的第十二个人了！"

我心想，大概是你总宅在家里不怎么出门的缘故吧。于是我还是执着地去寻找，在附近转悠了一个星期，多花费了近两千美元，也没见到那座神像。我陷入深深的反思：我为何不相信一个久居者的判断？

人们总是多疑的，不太相信别人。面对"下山者"和"意大利人"的忠告，我们无动于衷，本能地排斥这些陌生人的声音，只相信自己的耳朵和眼睛。然后，我们绕了不少弯路，吃了不少苦头，依然乐此不疲地说："哦，是吗？上去看看再说。"

瞧，在我们的身后，正是前赴后继的人群，他们都抱着同样的心态。

为什么人们对别人的建议和忠告总是如临大敌，不肯信任呢？只有解决了这个问题，才能谈得上进一步的沟通和理解，使我们身处的这个社会成为一个充满了信任感和幸福感的社会，而非让人备感警惕的陌生人世界。

"恐慌"的墙壁

约克斯似乎遇到了感情困扰，因为他着急来见我的面容上写着："我很困惑。"

我示意约克斯慢慢地述说，同样的表情我在许多人的脸上都见到过。他的手情不自禁地在桌面上敲来敲去。他告诉我："我感觉自己恋爱了，但好像又不是。我很恐慌。"

在房门紧闭的办公室里，我为约克斯送上一杯咖啡，在椅子上端正自己聆听的姿态，等待着约克斯向我娓娓讲述他与那个让他"恐慌"的女人的故事。

约克斯说："其实我不认识她。有一天，路上有个陌生女人与我擦肩而过后，突然退回来，对我说：'啊！竟然是你！'语气里充满了喜悦。后来她发现是认错人了，但并没有表现出一丝认错人的尴尬，还是表现得很热情。为了这次'偶遇'，我们一起喝了咖啡，互相留了MSN，我知道了她是一家银行的营业员，叫丽莎。我们聊得不算特别投机，但是总体来说很愉快。"

"所以，你应该感觉很愉快啊！为什么还要愁眉苦脸呢？"我打断约克斯。

约克斯摇摇头，表示故事还在继续。"我想，即便是萍水相逢的陌生人，在一次愉快的见面之后，或许也可以再度联系。所以我决定通过MSN联系她，可是我整整纠结了两天，都不敢尝试，我怕她突然装作不认识我。你知道，这会让我多么尴尬。

"可是，这次无意的邂逅，却让我对自己和丽莎的初遇产生了各种想象。我在想她究竟把我错认成了谁呢？他们之间究竟发生过什么？如果我真的就是那个人，那么将来还会发生什么呢？我甚至为这个可以无穷推理下去的虚构情节而兴奋不已。"

我看着约克斯试图表达却有些羞涩的表情，问他："你是想问我是不是该主动联系她？你不好意思，而且你在担心万一被拒绝了怎么办？"

约克斯惊讶地喊道："天哪！你什么都知道！"

我说："在你所做的种种假设的想象里，无非都是建立在丽莎错把你认成另外一个人的前提下。你有没有问过自己，为什么你会觉得一个陌生女人就不可以在路上和一个陌生男人有一个问候呢？"

"你是说这很正常？是我太在意了？"

"你想想看，这样的事情如果发生在网络上，你还会惊讶和在意吗？不过就是一个巧合的情况下，一个女人看到了你的MSN，觉得你似乎是个可以交谈的人，所以跟你打个招呼。一个女人和一个男人说'hello'，这样的事情几乎每秒钟都在发生。陌生人之间隔着电脑显示屏，敲打着键盘述说着一切——自己的兴趣爱好和生活中的困惑，没有人会在意他（她）为什么要跟我打招呼。"

"是呀！为什么放到现实生活中反而就行不通了呢？"

"陌生人之间始终存在着一层无形的'保护伞'。在网络的世界里，人们都觉得隔着一层障碍物，可以屏蔽掉很多不想被对方知道的讯息。这样的特殊交流方式反而让人与人之间多了一份信任，因为一旦开始怀疑对方，只要关了电脑便可以形同陌路了。一个陌生女人的真实性，对你而言反而成了一种不确定和不安全，这是人性中一种隐性的自我保护能力。你需要突破这层障碍。"

一个月以后，约克斯给我打来了我等待已久的反馈电话。他兴奋地告诉我，丽莎现在是他的女朋友，她的心理状态与约克斯一样，有些倾慕但又有所担忧，但是约克斯的真诚和幽默打动了她。现在，他们决心加入我们的小组，致力于一项"突破陌生障碍"的传递试验——在所有有可能的城市，在陌生人之间交换信息和名片，帮助人们认识想认识的人，收获更多的交流机会，为生活打开多一些的窗口。

当你战胜了恐慌，穿越了墙壁，一个美丽无限的世界，就是你能够看到的！当你经过了无数"分析"认定前面有一座坚固堡垒时，你的恐慌其实一点也站不住脚，因为你还没有付出切实的行动。

付出行动，进行尝试，是破除恐慌情绪最好的办法。你可以告诉自己："事情已经这样了，为何我不采取一种最为直接的方法？假如这种危险让我绝望，那我还有什么可怕的呢？"

最大的障碍是什么？

你发现你和别人交往最大的障碍是什么？

1. 信任是如此地难以建立吗？
2. 是不同的工作经验和能力的高低造成的吗？
3. 或者是因为不同的人生经历、宗教信仰和文化背景造成的？
4. 是骨子里难以改变的偏见？
5. 是水火不容的价值观？

今天，每个人，包括小孩子，都有自己的思想与个性。这与以前的情况大为不同，就像在一个齐整严格的集体里，你很难发现人与人之间的明显区别；战争年代，即便美国也会大搞"一切想法为战争服务"的动员。个性化从来没有像今天这么突出。

人们既然想法有所不同，接近他人的方式也一定有很大差别。有的人觉得这样的接近方式更恰当，有的人则觉得这样的接近方式存在危险。因此，人和人之间的相处存在不同程度的障碍，也就在情理之中了。

人的内心世界是如此不同与千奇百怪，无论我们怎样付出真诚，可能都难以触及对方真实的心声。同时我们又都知道，人不应以自己的心态去衡量别人，应从事实的本身去判断对错。这样的尽人皆知的标准，在努力践行时，又常常发现自己很难做到。

因为，人们通常觉得，只有自己能做到，而别人从不去做，这样的后果对自己而言是极度危险的。

有位陌生人拥抱活动的参与者就对我说："我很忐忑，我对他人付出了热情，敞开了心怀，但对方无动于衷。我经常遭遇冷漠的回应，这导致我无法做出应对，会让我自己受到伤害。"

听起来的确如此，人和人交往最大的障碍往往就在这里：我们真心对人，但对方在想什么？

男人世界的"障碍"好像还少一些，女人社会的关系比男人与男人、男人与女人之间的关系要更加复杂。她们之间存在的障碍似乎无穷无尽，一个很微小的细节可能就会导致两人彼此产生严重的不信任，并上演一幕让外人惊讶不已的"后宫戏"。

你不要以为两个相谈甚欢的女人就是闺密了，你也不要以为一起逛过街，分担过对方的痛苦，分享过对方的快乐，就可以真正成为同性好友。

比如，两个本不相干的女人会因为一件小事而成为好友，也可能因为一件小事而成为陌路人。两个女人只要看对了眼，那真是好得除了男友不能分享之外一切都可以共用。当女人之间没有任何障碍时，她们的衣服可以换着穿，美食也会一起品尝，心事更是会迫不及待地一同分享。

不过，我们又必须看到，曾经相处得蜜里调油、要好得如同亲姐妹的两个女人，在一夜翻脸，成为敌人，那也是再平常不过的事情。

总体而言，我们每个人说的都是自己的语言，别人很难听懂，就算别人以为听懂了的，也和你自己所认为的不一样。人和人之间，不要相互制造障碍，要时时想着互相提供方便。面对不熟悉的陌生人，采用这个真诚和开放的原则是尤为重要的。

没有陌生人的世界

◎距离最远的沟通奇迹

◎创建人脉时空"虫洞"

◎一切取决于你的吸引力

◎自身价值和人脉"空间能量"的关系

◎直线沟通和曲线沟通

◎被拉伸的六维度空间

Part 2

弯曲的人脉时空

人脉时空的特点

★人和人有三种距离：物理距离，心灵距离，以及沟通的"六度"距离。

★"人脉时空"是我们看待人际距离的一种方式，你的视野决定了你与他人相距多远，而不是通过物理方法来计算彼此的距离。

★你向他走过去，他就会向你走来；你看不到他的存在，他就远在天边，相隔无数个时空。

★弯曲"人脉时空"的秘密，藏在你的大脑内。你既可以坐上一辆晃晃悠悠的老爷车，也可以乘上穿越时间的飞船，这完全取决于你自己的选择。

距离最远的沟通奇迹

前两年，我在美国经手过三个奇特的人际沟通案例。他们相互间存在着无数"不可能相遇"的因素，本来没有一点机会建立起真正的友谊。但是，经过我和特殊的联络小组几个月的努力，他们终于实现了良好的沟通，建立了稳定的关系。

无论人们相隔多远，看上去多么不可能建立联系，只要找到正确的方法，都可以笑到最后。

这甚至让我想起了影片《玛丽与马克思》：

一个相貌平平、受人欺负的小女孩玛丽，一个神情呆滞、被人忽视的大男人马克思。一个在澳大利亚的乡村，一个在美国的大都市。看似风马牛不相及的两人，在一次小女孩的异想天开之后，两个人通过信件来往成了笔友，甚至是最好的朋友。

莱德丽是居住在美国东部一个小镇上的残疾女孩，她的故事也是这三个案例中最值得一述的，她寻求朋友的经过在当时的美国媒体中引起了巨大轰动，并被许多心理咨询机构列为分析案例。

在十四岁那年，莱德丽因为一次不幸的车祸导致了双腿截肢，之后的六年，她始终住在家中，再也没有迈出家门一步。父母为她找了一位家庭老师，承担起对莱德丽的全部教育工作。

在半封闭的环境中，莱德丽的内心是多么地渴望朋友！有一次，她通过脸书认识了两个远在洛杉矶的同龄女孩海瑟和戴娜，她们共同分享着有趣的知识，一有时间就会打开聊天工具，交流彼此的生活。

莱德丽在网上发现了我们的主页，犹豫了许久，然后给我写了一封邮件，她说："我真想搬到西部去，因为那里有我最好的两个朋友，但我知道这是不可能的，爸爸和妈妈希望我永远待在家里别再出门。的确，外面太危险了。"

当我收到邮件时，觉得这件事非常蹊跷。这个女孩为何必须待在家里呢？她的父母难道是一对喜欢虐待孩子的中年人吗？USL公司立即派出了一位工作人员，远赴她的家乡进行调查。

然后我们清楚了事情的真相：莱德丽以前是一个过分调皮的女孩，正因为她的过分顽皮，才做出了私自驾车出外旅游的行为，并导致出了车祸。父母对此自责不已，觉得没有管好女儿，在事故之后才决定要限制她的外出。

她的妈妈哭泣道："女儿已失去双腿，我不想她再丢掉性命。"

可是，法律不允许成人限制孩子的人身自由，更何况莱德丽已经长大了。她今年二十岁了，不但完全拥有自己的自由，而且已到婚嫁之龄。妈妈无奈地说："我们知道，但她没有什么朋友，小镇上也几乎没有她的同龄人。"

于是我们决定帮助她联络洛杉矶的戴娜和海瑟。戴娜十七岁，是加州州立大学的学生；海瑟十九岁，刚刚高中毕业，正在洛杉矶寻找工作。我们发了邮件过去，询问她们是否有时间来美国东部度过几天美好时光。

两天后，她们的父母同时回信说："非常感谢您的邀请，但是太远了，恕我们不能答应。"

仔细分析，我们发现这件事确实有相当大的难度。"9·11"之后，美国的父母都对子女的单独外出做出了限制，因为谁也不知道会发生什么，何况从洛杉矶到美国的东部，需要横跨整个美国，长达数千公里的旅程。

如果是你，你会放心让十七岁的女孩在一个陌生机构的安排下，从上海或者南方的某个海边城市不辞万里地远赴新疆吗？也许有人会，但是超过百分之九十的家庭都会毫不犹豫地加以拒绝。

经过一个月的沟通，我们的努力不出预料地化为乌有。莱德丽的希望化为泡影，她始终活在孤独、自责和对朋友的渴望中。她每天在家中最喜欢做的事情就是在窗前眺望天空："我不知道自己在看什么，也许希望天空给我送来一些新奇的信息，听到一些特别的问候。"

她期待与同龄人有深度的面对面的交流，而不仅仅局限在网络上。我决定满足她的愿望。与史密斯、雷顿进行了充分的沟通后，我们设计了一个"东西七日连线"的交际项目，在洛杉矶、芝加哥和华盛顿、纽约，通过邮箱分别联系并召集了二十名年轻人，由我们出资，在洛杉矶进行一次为期七日的聚会，将这些陌生的年轻人召集在一起，让他们成为彼此的新朋友。

尽管耗资不菲，并且从计划开始到结束，就花费了半年的时光，但我们的心愿得以圆满实现。莱德丽成功地搭乘专机到了洛杉矶，与戴娜和海瑟见面。她们三人拥抱在一起的时候，我看到了莱德丽脸上的泪花，还有三个女孩的激动之情。

人与人之间的奇妙沟通，是今天的影视作品和广告创意中经常可见的主题。即便在华盛顿五星级酒店的卫生间里，也能见到教人如何传达善意的精致短语，可见人们对于沟通的渴望是多么强烈，就像孤独的女孩莱德丽一样。每个人都渴望走进朋友的世界，获得一份真诚而温暖的友谊。

但是，由于缺乏方法和其他的必要元素，人们总是怀着美好的愿望出发，却在终点无奈地收获不尽如人意的结果。

即使相隔两地，即使一个天上一个地下，人们也总是希望能互相达成理解，建立起良好联络和共同分享生活的通道。可是，现实的沟通是那么困难，人为因素、环境因素、地理距离、心灵距离，它们互相缠绕，形成巨大的迷雾，使人迷失方向。这些障碍总是时不时地跳出来，阻挠着人们相互走近的热情，也让真正的心灵理解变得遥不可及，明明两人就面对面地坐着，却形同陌路，彼此之间疑虑重重，不敢靠近。

今天，互联网是如此普及，人类从来没有像现在这么接近过，哪怕身处相隔几万公里的太空，也能如在身侧，进行交流。然而，技术上的革新与进步，带来的只是沟通方式的改变，人与人之间的距离并没有因为"地球村"而缩小，也没有因为迈进了太空时代而消弭了隔阂。

经常被人忽略的，其实是"时间交流"。我们等人回复的时间总是那么漫长，我们的善意被无限压榨和过滤，人们总是疑虑重重，当你走向他们时，兜里究竟是揣着一张笑脸，还是一把手枪。这真是令人煎熬的"诚信验证时间"。正是这种疑虑和担忧，将人与人之间本来很近的距离迅速拉远，让人们沟通起来是如此困难。

即使本该是亲密无间的爱人，也会由于这种心结而成为势如水火的陌生人。

世界上最遥远的距离

世界上最遥远的距离是什么呢？有一句爱情谚语说得好："世上最遥远的距离，不是生与死的距离，不是天各一方，而是我就站在你面前，你却不知道我爱你。"

去年，我们在华人社会做了一次联合的在线调查，结果显示：有84.6%的受访者感觉当下的青年人之间缺乏真实的沟通，交往呈虚拟化倾向。其中，有27.8%的人认为真实感"非常缺乏"。在受访者中，"70后"占26.8%，"80后"占40.3%，而我们重点关注的"90后"年龄段，则占到了20.9%。

新加坡某银行的职员吴晓波告诉我们的调查人员，不久前，有一个网友约他见面探讨如何才能进入银行工作，需要具备什么资历，以及银行体系有没有发展前景。见面后，对方向他简单地咨询了几个问题，之后就掏出手机，拍餐桌上的菜，把照片上传到微博，然后回复别人的评论，好像完全忘了这次见面的目的是什么。

这位网友忙得不亦乐乎，完全沉浸在自己的世界中，根本不关心外面正发生着什么，就像自己的对面压根儿没有坐着另一个人，就像压根儿没有这场约会一样。他把吴晓波完全晾在了一边，令人哭笑不得。百无聊赖之下，吴晓波干脆也掏出手机发短信。

那顿饭十几分钟后就匆忙结束了，两人的交谈时间竟然不超过三分钟。吴晓波抱怨道："这根本就不叫沟通！他完全沉浸在自己的世界里。就算不知道聊什么，也不能把我撂在一边吧？太没有礼貌了！"

像这样的青年人，缺乏与他人真实的沟通，具体还有哪些表现呢？原因是什么呢？我对这个问题相当感兴趣，近年来也做了不少调查和研究。

在USL公司的调查中，有48.6%的人认为青年人之间的沟通经常是"在线上的沟通很顺畅，在线下的真实沟通则很匮乏"，41.8%的人选择了"与人沟通时，常常拿出手机，发短信、刷微博等"，35.7%的人认为他们"与人沟通时，害怕进行眼神的交流"，还有32.2%的人认为，他们在与人沟通时，常常碰到冷场的情况，这让他们觉得十分尴尬。

一味地依赖网络沟通，对于现实沟通缺乏信任，觉得不安全，这可能正是导致世界上人与人最遥远距离的根本原因。无论原因是什么，结果我们都是知道的：它极容易导致个体无尽的孤独感。除此之外，互相之间的不了解，也是人际距离拉大、让人们感到陌生的因素之一。

美国俄亥俄州立大学读商科的大三留学生小李认为，跟不熟悉的人沟通交流，因为心理距离很远，所以应该掌握一些关键的社交技巧，比如，在沟通中应该主动和热情一些，别一味地等着对方主动。"与其等他靠过来，不如自己先走过去。"当遇到尴尬情境时，也不要过于计较和马上气馁。有时候，人在与陌生人打交道时，要学会一点"厚脸皮"。一回生二回熟，之后的沟通也就能慢慢地顺畅和稳定起来。

小李说："在美国，人们总会主动和别人打招呼，说一声'hello'（你好）。因为先说，意味着有主动性，意味着你是一个有能量的人。所以当我遭遇沟通障碍时，会下意识地提醒自己：主动的人才是自信的人，主动意味着有力，意味着机会，我会用主动的态度去拉近与他人的距离，找到好的话题，然后顺利地交流下去。"

在他面前，你感到孤独吗？

"孤独感"是如此普遍和强烈的存在，特别是在人们交往的过程中，有心的人总可以发现对方内心对于友情的强烈渴望，但对方往往极力掩饰这一点，不愿意主动地表露出一分一毫。

为何会出现这种奇怪的情况？

有一位推销学家进行了一次试验，他让两个互不相识的女大学生共同讨论问题。事先，这位推销学家对其中一位说，她的交谈对象是个研究生，同时告知另一个人说，她的交谈对象是一个在高考中多次落榜的中学生。

在这种前提条件的设置下，结果是什么呢？那位认为自己地位很高的女学生，在听和说的过程都充满自信，她不住地凝视对方，而那位自认为低人一头的女学生，在说话时则明显信心不足，且很少注视对方。

你在日常生活中也一定已经观察到或注意过此类现象，往往主动者更多地注视对方，而被动者则较少迎视对方的目光。

换句话说，"孤独感"不但与"对人际关系的渴望"有关，还与自信有着必然的联系。自信的人同时也往往很少出现孤独的心理，因为他并不缺少朋友。

或者说，自信者对于"获取友情"十分自信，他们的内心是开放性的，在他人面前，绝不掩饰自己的真实想法。只有自卑情绪才会导致莫名其妙的孤独心理，并自我感觉与他人拉开了距离，然后在具体的言行举止和细节上体现出疏离感。

创建人脉时空"虫洞"

如同无限的宇宙时空一样，在人脉的广阔空间里也存在着一个奇妙的"虫洞"，它是连接人与人的捷径。就像我和你本来不认识——可能一辈子都不会说上一句话，但因为在路边擦肩而过，我帮你捡起了掉落的钱包，从而成功地建立了联系：钱包的掉落这一偶然事件就是一个人脉"虫洞"。

就如同时空中的"虫洞"一样。在神秘的时空隧道里，它就像一个球，你要是沿着球面行走，会觉得非常遥远。但如果你走的是球内部的直线通道，就会发现，距离突然被拉近了。因此，所谓的"虫洞"可以是"直径代替了圆径"，也可以是一张纸的平面距离被折叠之后的直线距离。

如果你能成功地找到这条直径或折叠点，你的人脉时空就会被打开，你会迅速找到通往成功的道路，结交到任何你想要结交的人。

怎样发现和创建我们的人脉"虫洞"？

★**你的自身"价值"是穿越时空"虫洞"的钥匙**

面对不怎么样的人际关系，在试图创建快捷有效的人脉虫洞之前，每个人都应该冷静地问一问自己：

"我对别人有用吗？"

"别人凭什么要给我方便？"

"人们为什么要卖给我面子？"

如果你发现自己没有什么是别人需要的，就说明你不具有真正的人脉价值。如果你想了半天，竟然连一件可以为别人做的事情都没有，你就该为自己敲响警钟了，这意味着你早已被这个社会和你的朋友圈子抛弃了。

比如，当一个人被公司开除，一定是他失去了"被雇佣的价值"而不是"做了什么错事"。后者经常只是老板们炒掉某个员工鱿鱼的常用借口。

只有你这个人越有用，你才越容易打开人脉时空的大门，为自己建立坚固和广阔的人脉关系。就像美剧《行尸走肉》的生存法则：你有用，这个团队才不会抛弃你！

有一位来自芝加哥的二十七岁未婚男人在交际培训中对我说："我的另一半应该在天平的另一边，我有多重，她就会有多重，我有多少价值，她就有多少价值，所以我要先提高自己的价值，这样我才能找到一个同样价值的老婆，我对老婆的要求就是我对自己的要求。"

有多少人还不能真正地明白这个道理呢？

在我们寻找人脉时空的钥匙的过程中，假若能尽早地发现自己的价值，就会填上不足的缺口，增加自身的优势。我想，即便你坐在原地不动，那些你渴求已久的人脉也会主动地过来找你，他们需要你来为自己的生活增添光彩。

这就是价值的作用：因为需要，才有关系。

★问题是你要向他人"传递"我们的价值

我们的自身价值怎样传递？这是穿越人脉"虫洞"的第二个问题，同时也是一个非常关键的"运输过程"。

乔·杰拉德（号称世界第一推销员）有一次去台湾演讲，人们问他成为一名优秀推销员的秘密是什么时。他将自己的西装解开，把身上所有的名片都撒在现场，说："女士们先生们，这就是我成为世界第一推销员的秘诀，演讲到此结束。"

必须让人看到你的价值，否则就算你能制造一座金山，在别人眼中也毫无用处。一个总不愿被人利用的精明人，是难以建立真正的人脉关系的。在人际交往中，你必须善于向别人传递你的"可利用的价值"，从而促成深度交往的机会。

良好、稳定、长期的人际关系，都建立在交换价值的基础上。信任和了解的成立前提，就是基于"价值的平等交换和通畅传递"。

★让自己成为人脉关系网中的一个"hub（枢纽中心）"

这是一把无所不能的人脉金钥匙：成为人们价值的交换中心。

假如你很有价值，你身边也有很多朋友，他们各有自己的价值，并拥有共同的人际目标。那么，你为什么不把他们联系起来，帮助他们彼此传递更多的信息和价值呢？

在人际关系领域，我们都有两个选择。一个是成为信息接收或发出的终点，而且是唯一的终点，就像一座属于自己的房子。在这种选择下，人脉关系产生的价值是有限的，只是人际网络中一个孤立的点；一个是经过努力，使自己成为信息和价值交换的一个枢纽中心（hub），人人都通过你来结识朋友，并经由你来发展他们感兴趣的领域。那么，就会有更多的人乐意与你交往，你也将有机会促成更多的合作，就像一个中转站——许多人从你这里上车，巩固并扩大了自己的价值，去到了更远的地方。

因此，寻找并建立自己的价值，然后把自己的价值传递给身边的朋友，并且促成更多信息和价值的交流，这就是建立强有力的人脉关系的基本逻辑，也是将人脉虫洞的金钥匙握在手中的秘密。

鲍毅曾经是德勤公司中国区的首席执行官。这位时常露出和善笑容的CEO（首席执行官），在三年时间里，成功地将德勤（中国）的员工流失率从接近百分之六十降低到了不到百分之二十。

秘密在哪儿？他说："德勤没有自己的产品，有的就是员工，所以我在人力资源管理上花的时间是最多的。"鲍毅把与员工的每一次交流都视为一次了解员工的机会。

考虑到尊重员工的隐私，鲍毅开放了员工提问，并将提问设置为"公开"和"保密"，供员工自行选择。事实证明，后者的设置确保了员工愿意向CEO提出他们心中真实的疑问。

厕所打扫不干净，与直线经理相处不好，公司明年的策略是怎样的……员工提出的问题五花八门。

"你每次看到的公开的提问有十五到二十条，而我看到的保密的提问是它的三倍之多。"鲍毅依旧和善地微笑着说。

而能否及时地回复员工也成了鲍毅考虑的重要问题之一，为此，提问的网页与他的公司信箱直接关联起来，一旦有员工在网页上提问，这一提问就会同时被发送到他的信箱。

"这也让我能够随时处理提问。"

鲍毅努力回答所有收到的问题——他回答的问题包括公司的策略、具体如何执行，以及如何协调员工之间的关系，等。

员工甚至被鼓励做"吹哨子的人"。换言之，德勤中国的员工可以越过中国的CEO，把他们的抱怨、不满和建议发布到一个外部的网站上去。这一措施保证了鲍毅本人也处于完全开放式的员工监督中，员工获得了最大限度的尊重。

为了让员工更全面地自我管理、消除压力，几年前，德勤（中国）开始实施EAP计划（员工援助计划）。

这个计划由德勤的合作伙伴全面实施，一条全天二十四小时开通的接听热线会帮助员工及其家人解决他们所面临的各种心理问题。

"我们与合作伙伴签订了保密协议，最大限度保证员工的隐私不受侵犯。"德勤中国华东区的人力资源高级经理这么说。

为了减轻员工的压力，鲍毅甚至做出了另外一个令人吃惊的决策，刻意放缓了德勤在中国的增长速度。

"去年我们放弃了一百六十家企业客户。"鲍毅认为，从长远考虑，这个决策是正确的。控制增长速度，减轻员工压力，让员工的满意度提高，是环环相扣的。鲍毅记得哈佛大学所做的一项关于员工满意度的调查显示，"员工的满意度高，就会主动为客户提供更好的服务"。

如果你与任何人都有共同话题，你就掌握了交流和快捷沟通的"虫洞"：这是一条快捷之路，如同在茫茫大山中开通了一条隧道。别的人需要绕行上千公里，而你只需要驾车半小时即可抵达。

前提是你必须非常了解对手，才能寻找到共同的话题。你可以看看鲍毅是怎么做到的。在同他人交谈时，首先要解决好的问题便是尽快熟悉对方，勇于去了解对方的一切信息，抛开高傲、无知和懦弱，勇敢地消除内心深处的陌生感。

许多乐意帮助人、人缘很好的美国人告诉我，他们之所以可以将他人的事情导回正轨，手法就像修理某一个坏掉的东西一样：他们能成功地看到"问题"，别人的、自己的，以及大家共同关心的"问题"，然后打开一个突破口。

这时，我们与人交流使用的方式只是启动了某一个程序，让对方的心灵接受到全新的资讯：他们需要的，正是我们可提供的。于是他们就愿意伸出双手，或搭起一座桥梁，欢迎我们走过去。

一切取决于你的吸引力

"印象"：神奇而巨大的力量

从古至今，人们都无比地相信"魅力"的巨大力量，因为这是一种勾起内心"亲近欲望"的吸引力。女人之于男人、上司之于下属、商业谈判者之于客户，都存在这种魅力。你的魅力越大，能够产生的人际吸引力也就越大，反之亦然。

由此我们也看到，人脉也是建立在吸引力法则的基础之上，没有人喜欢跟一个他毫无兴趣的人探讨人生，即使不得不与这样的人交流，话题也大多仅仅停留在枯燥无味的天气上。

一个人的吸引力往往最先从形象上反映出来。如果你的形象告诉别人你是个邋遢、麻烦的人，相信人人都会对你避而远之；如果你衣着得体，干净大方，彬彬有礼，大概不会有人拒绝你与你带来的美好气息。

有一项调查显示：85%的人通过视觉印象来判断一个人的整体情况。也就是说，形象在第一印象中占据了85%的作用，如果你给人的视觉印象很差，那么不但没有人会被你吸引，甚至还会有人讨厌你。

堪萨斯大学曾经做过一项关于"从鞋子来判断性格"的调查，研究人员称，只需要看看一个人穿的鞋子，就能准确地判断陌生人90%的性格。

这项新的研究发表在《个性研究杂志》上，作者在文中写道：

鞋子可传达主人细微但有用的信息。鞋子有其实际用途，但也作为非言语信号传递着象征性信息。人们一般都会注意自己和他人穿的鞋。

他们的研究发现，鞋子可以透露的个性特征包括：一个人的大概年龄，这个人的性别、收入、政治立场，还有包括情绪稳定性在内的其他的个性特征。如果你的鞋子"不合格"，它就会在无形中为你的吸引力扯后腿。

当然，没有人会永远被一个人的外表所吸引，更重要的仍然是人格魅力、个人品质，等等。

米德尔顿大主教曾经告诫人们："高贵的品质一旦与不雅的举止纠缠在一起，就会令人厌倦。"同样，在我们现代人的人际交往中，优秀的才能一旦与那些不雅的举止纠缠在一起，同样也会使得我们的公众形象大打折扣，才能被湮没，糟糕的恶劣印象被夸大和突出。

第一等品质：高贵的人格

莫洛先生是美国纽约最著名的摩根银行的董事长兼总经理，这个职位给了他高达百万美元的收入，是一位百分之百的上流社会的红人。但他最初不过是在一个小法庭做书记员而已。他的生活曾经无比艰辛，那么，后来他的事业有了如此惊人的发展，背后的原因是什么呢？

回顾他的一生，最重大的一件事就是他赢得了大财团摩根的看好，从而一步登天，成为在世界范围内令人瞩目的商业巨子。

摩根财团挑选莫洛担任这一要职，不仅是因为他的经营和管理能力，更重要的是他的人格非常高尚，几乎无可挑剔。

同样，范登里普在出任联邦纽约市银行行长时，他在挑选手下重要的行政助理时，首先便是以人格高尚作为最重要的标准，而不是其他的技术性选项。

他说："我需要一个这样的人，他可能不完美，行动有些迟缓，也不够善解人意，也不会每天早晨及时地给我倒一杯咖啡，但他只要是一个诚实负责并且从不说谎的人就可以了！"

什么是高贵的人格？这好像并不是一个冷门话题，遗憾的是，在多年来的人际公关培训中，并没有很多人真正重视它的内涵。

有一位著名的商店经理曾经这样说："有些人生来就有与人交往的能力，无论和什么人打交道，他们的言谈行为都很自然得体，毫不费力便能获得他人的注意和喜爱。可有些人便没有这种天赋，他们必须加倍努力，才能获得他人的注意和喜爱。不论是天生的还是努力得来的，他们所期待的结果，无非是博得他人的善意。而获得善意的种种途径和方法，归根结底，还是个人人格的发展。"

有时候，有些人即使与我们偶尔相识，只有一面之交，也能迅速并且有效地引起我们的注意，使我们因为结识他而感到喜悦不已，这是什么原因呢？他（她）能够很快地打动我们，使我们拿出全部的能力去善待他们，与他们结为朋友，这又是什么原因呢？

这种种的吸引力和许多性格特征、言行举止结合在一起，我们就得出了一个结论——不需要别人的提示，我们就能自觉地做出这个判断：他是一位品行高尚、人格高贵的人士。

他们很能赢得别人的喜爱，使别人对于他们产生兴趣。我们在不知不觉中，便和他们靠得很近，渐渐成为合作者或关系良好的朋友。可以这样说，这些令我们喜爱的他人身上的"人格"特征，是他人身上放射出来的一种吸引力。

生活中有许多这样的人，无论他们的相貌如何，都具有这种人格魅力，具有一种奇妙的凝聚力。

问题是释放你的"吸引力"

可能有人会问，这些品质我都完完全全地具备了，为什么我的人脉圈子仍然很狭窄呢，狭窄得连一只蚂蚁也爬不过去？

布里特说过这样一句话："商品如果不做广告，就像姑娘在暗处向小伙子递送秋波，脉脉深情只有她自己知道。"

再好的商品如果不让人们知道它的价值，它就永远只能待在生产车间里，一件也卖不出去。我知道中国人喜欢说这么一句话："酒香不怕巷子深。"没错，可是酒的香味会自己飘出去吗？许多人的答案是肯定的。但我告诉你，假如没有人从你所在的巷子旁边路过呢？你怎么让这坛美酒的香味飘进他的鼻子？

你没有办法，除非主动走出去，将这些香味更远地传播和释放。你需要采取一些办法，而不仅仅是守株待兔。

★让别人注意到你的存在，这是社交的一个前提，也是你释放吸引力的一个基本条件，你必须擅长主动推销。

老鹰将自己尖利的爪牙露在外面，去推销自己的勇猛，告诉其他动物不要"招惹我"。精明的生意人，他们想把自己的商品推销出去时，一定要通过某种方式——比如做电视广告，来吸引消费者的注意，让消费者知道商品的价值。让人注意到你的存在，就是营销的本质，不论是一件产品，还是一个人，我们在这个世界上所从事的一切推销，都在遵循这个原则。

在陌生人社会中，主动地展示个人魅力更是一种在社交中应遵循的基本意识。写过《成功地推销自我》一书的作者霍伊拉如此说："如果你具有非常优异的才能，却没有把它表现出来，这就如同把货物藏于仓库的商人，顾客不知道你的货色，如何叫他掏腰包？各公司的董事长并不能像医院的X光一样透视你的大脑组织，积极的方法是自我推销，如此才能吸引他们的注意，从而判断你的能力。"

美国钢铁大王安德鲁·卡内基小时候家里很穷，有一天，他放学回家经过一个工地，看到一个老板模样的人正在那儿指挥盖一幢摩天大楼。

卡内基走上前问："我应该怎么做才能在长大后成为像您这样的人呢？"

"第一，你要勤奋！"

"这个我早就知道了，那么第二呢？"

"买一件红衣服穿。"

卡内基满腹狐疑地问："这与成功有关吗？"

那个老板模样的人指着前面的工人说："有啊！你看他们都穿着清一色的蓝衣服，所以我一个都不认识。"说完，他又指着旁边一个工人说："你看那个穿红衣服的，就因为他穿的和旁人不同，这才引起了我的注意，我也就认识了他，发现了他的才能，过几天我会给他安排一个职位的。所以，买件红衣服穿也很重要，知道吗？"

在人际交往中，每个人都一定要懂得如何聪明地推销自己，懂得如何展示自身亮点，然后吸引别人关注你。只有这样，才能把贵人吸引到你身边。这并不是一句空话，也不是一种毫无意义的鼓动，因为优秀的人物都在这么做，试图变得优秀的人，也在寻找主动释放自身魅力的方法。

一个存在感极强的人，他是怎么样的呢？在他的身上，好像有一种磁力，能把人们的注意力吸引到他身边。这种强大的吸引力，反映的就是人们在交往中彼此间思想感情上的联系，也是气场的作用。拥有高贵品格的人，就拥有这种气场。不管他走到哪儿，做什么事，都会有一种无形的吸引力，人们愿意跟他交往，也愿意对他付出自己的信任。

★不友善会降低人的魅力，千万不要展示你的不友善。

有一位客人带来一件高科技电子产品，它具备时钟、收音机及CD播放的功能，但客人不知道怎么使用。马利认为这是世界上再简单不过的事了，因此在与客人交谈中，他显得很不友善，明显地表露出：你简直是个技术白痴。

八个星期以后，马利走进人类学教室去上他的第一堂课，结果发现授课的教授正是那位客人。不幸的是，教授也清楚地记得马利。马利差点昏死过去。此后，他竭力证明自己是一个好学生、乖孩子，但最终还是在教授那里吃了个闭门羹。可见，一次漫不经心的不友善行为，最后往往会反咬你一口。

今天，我看到了太多不友善的行为。这源于怀疑、警惕和不信任，还有冷漠的自我潜意识。你基于对他人的不信任或者鄙视，带着这种情绪做出的任何一个粗鲁的动作和不友善的表情，都会让你的魅力指数急速下降。

我们花了长达五年的时间，对于上万人就"喜欢或讨厌他人的行为"进行了一项细致的调查。收回来的八千份问卷结果显示：最让人们讨厌的不友善行为就是愤怒。每当你用一副怒气冲冲的面孔面对他人时，一定有人为此受到伤害。

"喂，你这个白痴！"有人这样骂道。

"那个死肥佬，快过来把你的破车开走，挡住我的路了！"

同事或邻居听到这句话，即便不进行反击，也会不爽地走开。他们将采取什么样的态度与你相处？至少，你很难再看到他们的笑脸，你的存在感及你的吸引力将迅速贬值至一个数字：零。

因此，当你表现得愤怒和不友善时，通常这个最受伤的人就是你自己。即便只是一时冲动的发怒，也会把你过去几年所做的全部好事一笔勾销。你在大家眼中就成了一个"难以接近"和"不可理喻"的人。

我们也可以换位思考一下：当有人不友善地对待你时，你会有什么反应呢？你的大脑立刻就对中枢神经发出信号，随之激素发生变化，你的热血上涌，体温升高，心跳加快，流汗，甚至会全身颤抖，然后做出冲动的行为。

你可能冲上去跟他打一架，也可能甩袖离去，从此不再与这个讨厌的家伙有任何联系。当然，最关键的是，这个人给你留下的一切好感，都在他的不友善行为中化为乌有。除非他做出诚恳的道歉等挽回性行动，否则他就永远失去了你这个朋友。

自身价值和人脉
"空间能量"的关系

　　我们自身的价值越大，能够向人脉空间传递的能量也就越多。这就是价值对于命运的影响力与决定力。人脉空间对这种能量进行重组和再次传递，会把你的这种价值能量传递给另一个人。如果这种能量足够强大，另一个人就会被你吸引。

　　著名的"吸引力法则"理论非常形象地阐明了这个过程，简单地说，就是八个字：同频共振，同质相吸。

　　同样频率的东西会产生共振，同样性质的东西会因为互相吸引，而走到一起。共振会产生同质性，同质性会产生吸引力，吸引力会把这两个共振体牵扯到一起。所以，假如共振性没有改变，则在吸引定律之下，一样东西将会不断地持续扩大和成长。

　　振动频率相同的东西，会互相吸引而且引起共鸣。我们的意念、思想是有能量的，脑电波是有频率的，它们的振动会影响其他东西。大脑就是这个世界上最强的"磁铁"，会发散出比任何东西都还要强的吸力，对整个宇宙发出呼唤，把和你的思维振动频率相同的东西吸过来。

　　你生活中的所有事物都是你吸引过来的！因此，你将会拥有你心里想得最多的事物，你的生活，也将变成你心里最经常想象的样子。

我们如果将这个理论应用到人脉学中，就会发现，如果你想要吸引到一个能力很强的人，使他关注你的价值，与你发生良性的互动。那么，你自身一定要有能够和他共振的频率。也就是说，你要具有和他同等价值的力量。这样，你们才会产生共振，相互吸引。

这是我们从能量的角度来解释"价值"问题。人体的本身就是一个能量体，随时可以向空间发出能量。这种能量通过意念的方式再结合某种心灵的工作过程，最后以一种不可见的能量波的形式传递出去。由于这种能量和空间能量相同，所以可以长期存在于空间之中，并随着日后意念的增强而增强。

乍一听起来似乎是非常不科学的，因为没有任何一种物理实验来充分地证明这个过程，但我们能在生活中强烈地感受到它的存在。如果这种能量强大到一定程度，就会直接地在人群中发生明显作用，造成现实中某种结果的出现。

这就好像炸弹的遥控指挥一样，当你的能量强大到可以引爆一枚炸弹时，不需要伸手去点燃它，凭借意念就能让它轰然炸开。

人类的意念、思想、欲望、行为、成就，等，渐渐地把自身塑造成一个价值体，而这种价值能量以能量波的形式向时空和周边的世界发射信号，周边的空间中就出现了人类的各种能量集合起来产生的一个能量场，这些不同的能量会产生一些复杂的交互作用，便是未来的现实事件的诱因。一旦某种能量产生作用的条件成熟了，这个事件就会在现实中发生。

战争、自然灾害、事故等的发生，即便看上去超乎个人的能力范畴，也无不是在这种能量的作用下产生的。

因此，如果你想让自己随时充满"机遇"，就要学会提升自我价值，从而增强这种自我的人体能量。体内形成的"能量体"越强，对于周边世界的吸引力和决定力也就更加活跃和强大。

上海有一家外企的职员吴女士到美国的华盛顿特区出差，我有幸在一次由华人商会举办的聚会中遇到了她。她听说我是某培训机构的负责人后，便请举办方加以引荐，请我帮她就某些问题提出建议。

通过十几分钟的沟通，我们取得了一些共识，然后她抽出时间，参与了我们的活动。

她说："我在国内一家由比利时资方控股的公司工作，因为我工作中接触的文件和资料很多都与经济有关，我原来学的不是经济专业，没有这方面的专业知识，所以一直想给自己补充这方面的知识。现在我的孩子大了一点儿了，正好利用这段时间给自己加点油。但我又不清楚怎么去做。"

她发现自己的工作"能量"已经不够了，无法再将"好运"吸引到自己的身边，人际关系也受到了极大影响。具体来说，这种"能量"的降低体现在三个方面：

①在工作方面有些力不从心，效率下降，逐渐出现越来越多的"无法胜任"感。

②客户和上司对于自己的"意见"越来越多，常见到领导拉着脸叫自己过去，每次都心惊肉跳，挨训的次数增加了，表扬的次数当然也就减少了。

③同事与自己的关系出现了疏远，这是最让她担忧和无法接受的。以前，每周都有较亲密的同事请她去吃饭，甚至邀请她到自己家中做客（那时她是领导眼中的红人）；现在，这种情况已十分罕见。

吴女士苦笑地对我说道："价值决定人脉啊，真是一点都不错，所以我规划了一下，觉得必须得增加自己的价值，充电学习，补充能量，这才是生存之道。"

我对她说："你要事先考虑清楚，哪种方式是最适合自己而且是最可行的。是亟须提高自己的业务水平，还是想通过学习使自己获得学位证书，为今后的升职打下基础。再根据自己的需要做出选择。"

有些擅长规划的人，当他们辞职时，会先好好地让自己休息一下，然后再去充电考一个证书，既满足自己的心愿，也能为下一次的求职增加一点资本。整个人的状态都在充电恢复之后提升很多，就一定能再找到一份合意的好工作，同时也会提升自己的人际质量。

而那些缺乏"价值提升"和"事业规划"意识的人，一旦春风不再，被时代抛弃，如果不能及时地做出相应的改变，就会尝到因为能量损耗而"人脉光芒"变弱的苦果。

如果你也遇到了自己职场的"瓶颈期"，发现体内某种能量的不足，你首先应该想到，这并不是一件坏事。

你应该充实自己的生活，可以暂时不制订目标，待在家里好好地读一读那些平时想读但又沉不下心来读的书；或者有规律地去健身房做运动；与朋友进行定期交流，放松自己的心情，开阔未来的眼界。

更重要的是，你还应趁此机会认真总结自己的优势和不足，利用有限的时间提升自己的竞争力，充实体内的能量场，因为这个世界的机会总是青睐那些做好了充足准备的人，绝不会将良机分半点儿给那些坐吃山空的懒惰者。

直线沟通和曲线沟通

　　我们每一个人在自己的一生中都在不断地从一个圈子走向另一个圈子，通过沟通来扩大自己的人脉圈，拓展新的人际关系，同时也在不断地融入别人的圈子，架设更为宽广的人脉平台，从而使得我们在这个世界中的力量更加强大，更为快捷地到达自己想要抵达的某一个点。

　　构建一个稳定的人脉圈绝不是可以一蹴而就的事情，这需要我们不断地积累和努力才能实现。有时候，你只需要直线前进就能找到想要找的人，但是大多时候，需要我们通过曲线找到一个中介人，才能接触到目标人物。

　　你如果细心地研究自己所能找到的人脉案例就会发现，很多事业有成的人，都有着自己独特的构建人脉圈子的方法，各不相同。归纳起来，在你构建自己的人脉圈子时，直线和曲线的人脉关系大致有下面几个结识途径和方法。

你的身边人

　　从在这个世界上的角色来说，我们都是社会人。因此我们的人脉圈子，首先是从身边的亲人关系和社会关系开始的，从父母、兄弟、妻子、丈夫、孩子，到老师、同学、朋友、老乡、同事，最后再突围到更大更高端的圈子。其中，因为经过了长时间的熟悉和深入的了解，来自我们身边的人脉圈子，往往也是最为牢固和可靠的圈子人脉。

亲戚、老乡、同学、战友、同事，他们都可能成为你事业发展中的"贵人"。比如马云在创业初期，启动资金就来自于他的亲戚、学生、死党，以及几个跟他从杭州到北京、再从北京回杭州的老部下。这样的人脉，通常都属于宝贵的"直线人脉"，在沟通时速度快、效率高，是每个人都必须具备的基本的人际资源。

因此，无论你怎样强大，都需要跟自己的亲人、朋友、同学、老师处理好关系。说不定哪天就要向他们寻求帮助。

这并非教你功利地去处理与身边人的关系，仅仅基于情感，我们也应该更加重视他们的存在。

软银赛富基金首席合伙人阎焱之所以能赴美留学，就是因为他就读北大研究生时，一个外籍老师——来自美国普林斯顿大学的访问学者Roger Michiner。Roger Michiner很欣赏阎焱，两人经常一起聊天。有一次，Roger主动提出："你应该去美国读书，我可以帮你写推荐信。"阎焱通过了托福考试，取得了美国普林斯顿大学的录取通知书和四年的全额奖学金后，Roger Michiner又在生活上给予了阎焱很大帮助。

1986年8月，阎焱回忆说："我到美国的第一天晚上，就住在Michiner教授家里，他的家也在普林斯顿。Michiner教授待我非常好，在普林斯顿，他仍然是我的专业教授。我毕业多年以后，他也离开了普林斯顿大学。我们的友谊一直延续到现在。"

我们还要明白，你在一家公司工作最大的收获不是你赚了多少钱，积累了多少经验，还包括你认识了多少人，结识了多少朋友，积累了多少人脉资源。这种人脉资源在你离开公司之后，还会继续发挥作用，并成为你最为核心的人脉圈，并且将成为你一生的无形资产和宝贵财富。

关键和重要的人物是谁？

西方有一则著名的格言："重要的不在于你懂得了什么，而在于你认识了谁。"

相信你对这句格言并不陌生。这是人脉资源的第二个层次，介于直线人脉和曲线人脉之间的"关键和重要的人物"。你只有不断地认识这些能够在关键时刻帮助你的人，才能构建最为有用的人脉资源库，使自己向更高级的平台迈进一步。

2005年，搜房网总裁莫天全曾与Trader公司的董事长John Mcbain共进晚餐，两人一见如故。于是，John打算向搜房网投资2250万美元，以换取15%的股份。当时搜房网的资金并不紧缺，也不太有此需要，因此，董事会的成员大多不同意John入股。然而，莫天全坚持让John入股。他认为，John是全球最杰出的企业家之一，Trader是全球最大的分众广告传媒集团，"对于公司的治理、长远发展和规划，这两者都能给予我们启发和帮助"。

后来，正是因为John这位重要人物的帮助和引荐（John曾把Trader公司在大洋洲的地产资讯业务，全部转让给了澳大利亚电讯），2006年8月31日，中国互联网行业终于迎来了当年最大的一笔投资，澳大利亚电讯以2.54亿澳元（约合20亿人民币）收购了搜房网51%的股份，促成了一笔皆大欢喜的买卖。

要想去更多地认识那些关键和重要的人物，仅仅靠单纯的直线沟通就无法胜任了，我们需要打破人脉时空的限制，运用六度人脉理论，寻找那些有效的支点。这当然首先需要开放你自己，从身边的各种渠道入手，而不是仅仅局限于你经常接触的圈子。

除非你本身已经是一位很高端的人物了，否则你就要争取采用一切方法，去广泛地参与那些重要人物都可能出席的活动。比如有顶尖人士参加的论坛、商业聚会等。还有另一种方法：通过朋友和其他人脉关系的介绍，抓住偶尔的合作、交流机会。这些不可多得的良机，一旦出现就要紧紧地有意识地抓住。

开放与新奇的心态

两年前，我认识了国内一位姓刘的朋友，他从加拿大的麦蒂尔大学毕业后，曾在加拿大的亚历山大咨询公司从事企业咨询工作。他后来之所以会改变自己的职业轨迹，完全是因为一次出差途中飞机上的偶遇。随后，他调整了自己对待事业的心态，听取了对方的建议，跳到了另一个更为宽广的平台，达到了新的人生高度。

当时，刘先生从美国旧金山飞往蒙特利尔，在飞机上，他遇到了一个似乎在过去的聚会中见过的人。他主动过去打招呼，一番寒暄过后，两人开始交流彼此的工作和生活。

这个人正是多伦多道明银行的人事部经理，在了解了刘先生的性格和能力后，他主动邀请道："你很优秀，不知道有没有兴趣到银行工作呢？我们银行正需要一位像你这样的高级客户经理。"

刘先生马上说："好啊，我正有这方面的打算。"他们互相交换了联系方式，以待日后的联络。

后来，刘先生加入了加拿大多伦多道明银行，担任高级客户经理，主要负责电讯业和矿产业，协助这些企业做融资业务。在多伦多道明银行工作的两年，为他今后在金融行业发展打下了坚实的基础，而这次职业机会正是来自于一次跟陌生人的"偶遇"，以及他本身较为开放和积极的社会交往能力。今天，他已经是渣打银行在中国区域一家分行的总经理。

我们每一个人都无比渴望获得额外的帮助，尤其是在用尽自己的人脉资源依然难以取得成功的情况下。但是，如果我们对于接触陌生人和外界社会怀着排斥而非开放的态度，又怎么可能有意外的收获呢？

这其实就是一个人人际交往的基本能力：你必须始终对可能出现的任何机会持有一种开放性的心态。保持你的好奇心和尝试的勇气，你才能得到更高级人脉的垂青！

当然，对认识"陌生人"保持开放心态或者说喜欢人际交往，并不是说要轻易地相信陌生人，或者到处滥交朋友。任何事情，走极端总是错误的，必须掌握好事物之间的平衡，选择对你而言最适宜的尺度。

建立一个高效的网络

如何才能把你接触到的圈子中人转化为自己稳固的人脉资源？

如何将你的圈子的人脉资源转化为有效的事业资源？

在这里，最关键的是维护好人际关系网络，而且要保证自己的人际网络是高效的，同时也是富有实用性的。

美国前总统西奥多·罗斯福曾经说："成功的第一要素是懂得如何去搞好人际关系。"

关键问题来了，如何才能维护和管理好我们的人际关系网络，并且保证它的高效？

★填写相关的记录卡片来帮助记忆

经常记录你是在什么活动中结交的哪些人脉，以免随着时间的流逝而将一些重要的信息遗忘。你不要只写下他们的名字，或者仅仅把名片收好就行了，你还要写下你对他们工作最感兴趣的方面，以及他们感兴趣的东西，包括一些在交往中你留意到的特别的事物。

虽然这样的卡片记录难以存下太多的细节，但当你真的需要的时候，你就会发现，它肯定能发挥出非常巨大的作用。

★保持在他人背后的忠诚能展示你的高贵人格

在人际交往中，一个非常根本的原则就是我们自身的品质是值得信任的。

你应尽可能地让人感受到你的优良品质，并以此收获信任。这需要我们在平时就注意细节，积极主动地做许多事，不要轻易地给他人抹黑，更不可搬弄是非。要让自己成为人际场上的"贵族"和"绅士"，而不是品质低劣和不值得信任的小人。

★在一些特殊日子送上祝福以显示你的细心和有心

利用特殊节日的沟通，往往能够起到出其不意的作用。在一些特殊的日子，你可以合情合理地送上一条短信、一封电子邮件或者一份小礼物来表达你的良好祝愿。另外值得一提的是，当别人遇到困境和挫折的时候，你也不要忘记及时出现，给予祝福和鼓励。这时的沟通和帮助，经常能起到更大的效果。

★保持沟通和会面的渠道以保持联络的通畅

多创造可以定期沟通与会面的机会，这对于联络来说至关重要。我们还要关注那些在聚会场合能够得到的免费的内部消息。即便是已经很熟的朋友，我们也要保持时常见面和交流的渠道，如果你这样做了，就会发现你们之间的感情永不褪色。当然，当别人有相关信息的时候，也肯定不会忘记提供给你，因为帮助和给予总是相互的。

被拉伸的六维度空间

心灵的宽度和我们对于自我心态的定位非常重要，甚至超过了我们在这个世俗社会能够达到的物质成就——财富、官位和名声，它们能让你的视野更宽广，看到更多的内在升华与人际交往的契机，从而将你的善意和想法传递得更远。

我看到，有些人只能生活在狭窄的"储物柜"内，他们将自己藏起来，因此他们的人脉空间是被压扁的，装不进第二个人，就连自己都无法活动自如。

有些人拥有一间独立的房子，可以容纳一家三口一起生活，但不能再容下更多的人。一般情况下，他们的社会关系很多，可亲密的朋友很少。也许你就是这样的人。

但是还有一些人，是我们极力赞许的。他们就像身处于一个广场，从这里经过的每个人都能发现他们的存在，和他们建立起关系来。他们会成为很好的朋友——或许并不非常亲密，但不再是彼此的"陌生人"。他们认为这个世界上没有真正意义上的陌生人，只要他们愿意，就可以和任何素昧平生的人成为朋友。

你的心灵宽度有多大？

一个心胸宽广的人，他必定拥有一种宝贵的品质：宽容。

宽容是什么？诗人和哲学家会用无数美妙的词语来形容它，而我只用一句——宽容可以抚慰我们心中的伤痕，用冷静理智的心态去看待彼此。

在陌生人社会，人们有着太多"冤冤相报"的死结，利益的冲突、名声的较量，乃至邻里之间的琐碎小事。这些由于冲突矛盾引发的仇怨，牵绊了我们的命运，或许甚至改变了人生。

仇恨就是炬中之火，持在手中必有烧手之患。若不能以宽广之心善待对方，人脉空间必将被无限压缩。

能够被别人容纳是一种莫大的幸福，能够容纳别人则是极其优秀的品质。如果一个人不能容纳不同的意见、风格和流派，那么他在无权无势的时候会表现为狭隘，在拥有权力的时候则表现为专制。

为什么我在培训中总是倡导一种妥协的人际智慧呢？在和人打交道时，多做一些妥协，优先满足对方的条件，会让你显得十分高尚和优秀，因为妥协的含义，准确地说，就是容纳别人。我们常常会发现，只是暂时地或小小地委屈一下自己，就能团结到大多数人。

★能容天下的人，他才能为天下人所容。

★容纳了自己，你才能容纳全世界。

关键是即便从理智的角度，也同样要求我们既能容纳别人，也要容纳自己，因为这是控制情绪的首要条件。

我们常常会没来由地不开心、不满意、不情愿，等等，这些情绪不受大脑控制，它们非常不稳定，不知隐藏在何处，当自我的要求和自我的现状产生差距，就会诱发它们的产生。

但是究其最本质的原因，是我们容不下自己，对自己不满意，从而产生情绪的波动，并波及他人。因为不能原谅自己，于是就去惩罚别人。

1. 尊重差异，容纳其他人的不同个性。

我们每个人当然都希望自己能被别人接纳，希望自己可以轻松自在，毫无拘束，可以袒露自己的一切而不受指责和约束。"我想做这件事，我想这么表达，我是这么想的，但我不希望你批评我。"这是大多数人的基本心声，也是一种人人都有的、希望被别人接纳的正常心理。

尊重人们的这些内心需求，就是要求我们既接受对方的优点和长处，也要容纳对方的缺点和毛病。

2. 容纳他们的缺点，谅解他们的过错。

宽容对方的不足需要勇气，更需要心胸。人无完人，每个人的个性都包括了优点与缺点，在赞赏他们的优点的同时，还要宽和地对待他们的缺点。

3. 在处理事情时，千万不要固执得听不进一点意见。

应该与他人平等地交流，多多讨论，而不是只顾着"宣传自己的原则和观点"。

拓展我们的心灵空间

有一次，我跟一名普林斯顿大学的高才生谈到了"成功和失败"的话题。

"失败是什么？"

"为什么会失败？"

在我看来，世界上很多没有成功的人并非因为个人能力不足，而是在年轻时没有养成良好的自律的习惯。他们的生活模式几乎是一样的，不喜欢与人沟通，也不在乎能交到多少朋友。他们的作息时间混乱，基本上凭借本能和感觉生活，随心所欲，毫无节制与计划。

如果你要求他多与自我的心灵对话，去拓展自己的心灵空间和扩大自我的生活空间，看清自己，认识自我和重建自己"原生态"的生命力，他就会十分迷惑地瞪着你，不解地反问："做这些事情有意义吗？"

他们的心灵只有一点点可怜的容量，容不下别人；视野狭窄得如同一个弹孔，看不下任何所谓的"不公"。他们讨厌一切人际交往，总是怀疑生活中没有真正的好人。不管和谁打交道，都觉得对方处处针对自己。

"我厌恶和人打交道，我喜欢直截了当，但总有人拐弯抹角，我不喜欢猜测别人的心思。"参与者艾塔说。

　　她今年三十二岁了，却只有两个好朋友，还免不了时时争吵。朋友们都说她不够宽容，用我们中国人的话说，她"心眼儿太小"了，总是不能跳出自身局限去客观地看待问题。

　　艾塔需要把自己从自我的心灵设限中解放出来，多站在人们的共同立场考虑问题。如果她能够着眼于人与人之间的沟通领域，客观地看待周围的人，用发展共同关系的思维来对待人际关系，那么她将不再抱怨和厌恶交流，很快就能成为一个幸福和快乐的人。

　　一般而言，与自我的心灵对话，扩大自我的生活空间，大体由六个层次（步骤）构成：

　　1. 正确地认识自我心灵，跳出琐事的限制，使思维回归心灵的本质。

　　2. 与自我的心灵展开有效的对话，寻找到问题真正的答案。

　　3. 用行动积极地验证答案，而不是只凭想象和猜测。

　　4. 战胜内心受限的自我，然后对生活和他人采取更加积极的态度。

　　5. 将这种积极的力量延伸到更加具体的生活中，直面自己的人际关系现状，尽力拓展人际交往的空间。

　　6. 最后一步不是让你明白道理，而是立刻去做。

　　如果你想在未来做一个让人尊敬的成功者，不妨按照上述六个步骤来进行自我检验。如果你发现自己缺失了某一个层次，说明你的心灵对话还不完善，你要积极地去弥补这一残缺。

　　当然，我要强调的是，这简单的六个层次并不是绝对的，它只是说明了自我心灵对话是一个科学的、有着内在逻辑的严密过程，而绝不仅仅是一种简单的自我心灵回归。

　　让自己深深地懂得并学会与自我心灵对话，扩大心灵生存的空间，对你来说既是挑战，也是一次奇妙的体验。在这个扩大和升华的过程中，你会惊讶地发现一个全新的自我，而全新的自我必然会带你走进全新的人际关系，以及与过去全然不同的未来。

没有陌生人的世界

Part 3

"3分钟" 实现零距离

我们的 "3·S·H" 原则

★时间：最好在早晨或下午。

★对象：陌生人、朋友、客户，还有亲人。

★手段：一个简单的拥抱，一声温暖的问候。

★地点：办公室、购物商场，或者街头，甚至电影院，你能碰到陌生人的任何一个地方。

★意义：当你懂得每个人对于你生活的价值，你会更加珍惜这样的举动。

★回馈：必须时常总结你的经验，调整细节。

"3分钟陌生人" 拥抱游戏

当我们设计并倡导"陌生人"交际的一系列活动时，便首先明确了一项宗旨：这将是一项非常简单和便于操作的游戏，每一个项目及其环节都只需要三分钟。在"3分钟陌生人"的拥抱游戏中，包含了三个小小的步骤，以及三个基本的原则，足以改变目前你所面临的枯燥乏味和缺少交流的状态。

在了解到本章的这些内容和技巧之后，为你自己建立一个有效而良好的人际沟通是非常轻松和容易的，这将极大地增加你在陌生人面前的曝光度和存在感，以及帮助你迈出与众不同的第一步。

第一步：完全打开我们的内心。

第二步：微笑着走向对方。

第三步：只是一个温情的拥抱。

有人曾经在培训课上充满疑惑地问讲师："这三个步骤就是这么简单吗？"

是的，它是如此轻松和简单，以至于每个人甚至只要几秒钟就能完成它的一系列动作。然而，在我们迄今为止十几万例的街头试验中，可以真正"轻松"地将这三步做完的却只占很少的比例，因为这三个步骤中的每一步都针对了人们在现实中的心灵弊病。

人从生下来开始，从家庭教育、学校教育再到残酷的工作环境，练就了强大的自我防卫机制："我每天提防别人，小时候生怕同伴抢我的糖果、玩具，大学时不想遇到感情骗子，工作后在办公室尔虞我诈、钩心斗角……让我完全打开内心？即便我想，潜意识也早就消灭了这样的指令。"

很少有人愿意完全没有防备地去跟陌生人进行交流，总是保持着一定的警惕。在两个人互相拥抱时，旁边的观察人员可以清楚地看到这一点并做下记录。不少参与者与路人的拥抱和交流十分勉强，更像是完成一项工作，而不是发自内心的"我想"和"我渴望"。

微笑是最容易做到的，只要你熟练地调动脸部肌肉，挤出笑容。但是眼睛不会说谎，我在街头看到的多是参与者尴尬的笑容，充满了渴望、请求和畏惧，更像是在向路人献媚，而不是坦然与真诚的祝福之笑。

有一次在加利福尼亚州，一位路人对参与者说："你笑起来可真让人害怕。"

在华盛顿，当十九岁的白人姑娘卡佛尔怀着期待的心情去拥抱一位男士时，对方往后跳了一步，因为他看到了一张过于夸张的笑脸。卡佛尔事后难过地说："我对微笑的理解，似乎只停留在词上了，很难掌握它的尺度。虽然我是真心的，但人们感受不到。"

开放内心和微笑是如此困难！这是一个充满防备的世界。正因如此，我们才将微笑设为必须达标的基本条件，每名参与者都必须对陌生人完全展现这一点，才能实现真正的"温情的拥抱"。

我说："如果你不是真诚的，假如你没有一颗炽热的祝福之心，在拥抱时对方怎么可能感受到你的体温呢？我们每天都在工作时与客户握手、拥抱，甚至互吻脸颊，但那些都是冰冷机械的接触，只有数量上的积累，从来都不可能让你体会到人与人之间的温情。"

与此同时，我们还需要在"拥抱"交际中，恪守三个基本原则：

第一项原则：不要试图去操控对方

一个人永远都不要去操纵另一个人，试图控制对方的想法、行为以及生活。当我们还是孩子的时候，时常被父母嘱咐过一些应当和不应当做的事情，但我们都会完全遵从大人的命令吗？

爸爸说："不要去河边玩，那里危险！"

半小时后，小孩就在河里游泳了。

妈妈说："不要早恋，好好学习！"

也许几周后，妈妈就从孩子的卧室里发现了情书等早恋的证据。

孩子从来都不想服从于父母的操控，从来都是跟随自我的意愿，想干什么就干什么。当我们长大后，同样也不会任由别人摆布，哪怕只是在一些日常的沟通中。

如果一个人总想去操控他人，怀着强烈的控制欲去对待这项陌生人拥抱活动，主导你们之间的"游戏"，如果你总是希望在自己的人际关系中占据主动，"我是那个握着风筝线的人"，那么，当你发现自己根本不可能成功时，就会出现愤怒、焦虑的情绪。即便你命令一个人去做一件对他有利的事情，在措辞强硬和让对方感觉不适的情况下，谁又会心甘情愿地任你摆布呢？

于是，你只能招致对方的反感。对你而言，这样就更不容易建立一个良好而有效的沟通了。曾经有许多人在街头试图与陌生的路人拥抱时，因为太过于追求一个成功的结果，表现得有些强制的意味而失败了。

"啊，这位先生，我抱抱你吧！"还没等对方反应过来，他就冲过去伸出双臂，结果把路人吓跑了。

"我抱抱你，可以吗？"类似这样的语气也容易令人有不适感。好像是一种非抱不可的请求，没有给人留下思考和权衡的时间。

第二项原则：拥抱和沟通的效果取决于对方的回应，而不是自己的感觉

如果你和对方讲话而对方不理睬你，你达到沟通的目的了吗？许多人一旦说话就唠叨个没完，几分钟过去，自己说了一大堆，对方没有一点开口的机会。等到电话挂断或者你讲完的时候，你才发现还站在对方的门外，根本没有取得进入的许可，又怎么能得到他的回应呢？

人与人的交流无法通过假装和自我感觉良好来实现，必须得到对方切实与真诚的反馈。所以对第二项原则的坚持也是非常重要的。

第三项原则：不要试图对别人讲大道理，你必须拿出实际行动并让对方看到好处

一次良好的沟通，前提在于充分地尊重了对方的意愿，拿出具体的行动，平等地交流，并让他体会到你的诚意和发现正面的意义。"这样做会很好，它代表着某些意义！""我听说过这样一个道理，你认为呢？"经常有人愿意这样去"教训"人，如果你认为你所说的非常有道理，但对方就是不听不做，左耳进右耳出，能达到良性沟通所需要的目的吗？

因此，即使一件事有着天大的道理，我们也还是需要根据对方的理解模式来进行更为有效的沟通。虽然我们都知道1+1=2，但是请相信，可以计算得到答案的方式绝对不会只有一种。试着理解一下对方的想法，再一同商议更好的办法，岂不是一种双赢的交流吗？

我们的"陌生人拥抱"运动和"3分钟陌生人游戏"的参与者约翰·波特是北美一家矿业公司的退休高管。在我们拿到手的资料上，他之前既是当地名人，也是一位极为冷漠和残酷无情的商业公司的领导者。在他退休之后，他终于意识到了自己的问题。

"我缺乏爱心，这让我虽然赢得了无数的商业伙伴，却失去了许多朋友，我退休后的日子无比孤独。"

因此，他希望通过参加我们的陌生者游戏，找回对于爱的感知能力。他现在已经明白，爱才是最伟大的力量，想得到就必须先付出自己的。

波特这十几年来始终是一位鼎鼎大名的人物，常常登上媒体的头版。他来参加这项活动，不仅是我们的荣幸，同时也吸引了美国许多媒体的注意力。当地至少有六家报纸邀请他去做演讲，但他全部拒绝了。他不想让人觉得这是一场功利的作秀，他希望自己的举动是"无商业目的的行为"，只想让自己通过拥抱找回人与人之间的"爱"。

我们的培训小组问波特是否能在洛杉矶的街头拥抱那些性格各异的路人。在他身后，有不少电视台的工作人员，尾随着他到街头，进行远距离的拍摄，就像狗仔队追踪明星那样。

首先，波特向经过自己身边的一位漂亮女孩打招呼："嗨！我是约翰·波特，是一位退休后无事可做的老头儿，我是否可以用一些爱心和你换一个拥抱呢？"

说着，他做出一个鬼脸。女孩不由得哈哈大笑，欣然同意了他的要求。波特对工作人员说："我还以为很难迈出这一步，但当我真的站在了街头，准备做这些事情的时候，我发现自己就像一只老鸟飞出了牢笼，我太需要这样的行动了！这让我重新年轻起来，也使我感受到了生命的活力！"

后来，工作人员觉得对他的要求太简单了，便请他去寻找难度较高的"拥抱"。波特想了想，看了半天，看到了一个女交警，正在开罚单给一辆路虎车的车主。波特小心谨慎地走过去，对女交警说："你好，女士，看起来，你需要一个拥抱，能让我抱你一下吗？"

女交警的反应非常迅速，她立刻戒备地将手放到了腰间的佩枪上，但当她看到周围的镜头时，会意地笑了，接受了波特的请求。

最后我们出了一道特别大的难题："波特，您瞧，那边来了一辆超载的公共汽车。人们都知道，洛杉矶的公共汽车司机是最难缠的一群人，他们爱发牢骚，脾气也很坏。那么，波特先生，请让我们看看，你能从他们身上得到一个拥抱吗？"

波特思考再三，决定接受这项挑战。当这辆喘着粗气的公共汽车靠站以后，他满脸微笑地挤了上去，冲着那位胖司机笑道："嘿，这位先生……"

司机瞪了他一眼："怎么了，后面也没座，你只能站着了，老先生！"

"不，我是说，我是一个专门在洛杉矶街头送给人们拥抱的人，您能接受我的一次拥抱吗，只需要几秒钟就可以了，不会耽误您一丁点儿的时间。瞧！后面还有许多人，他们全都上来恐怕得几分钟。"

胖司机犹豫了一下。他的第一反应是拒绝，准备没好气地把波特赶下去。但是，当他与波特四目相对时，他突然被波特真诚的眼神打动了。

"OK，老先生。"司机主动站起来，给了波特一个大大的熊抱。显然，原本对这项活动充满疑虑的波特在他的第一天就取得了成功。

参加这项活动几个月之后，波特给我发来了一封感谢邮件，他说："我就像迎来了生命的第二春，完全明白了朋友的真正意义！我现在拥有了许多新结交的朋友，他们不想跟我做生意，我当然也不会卖矿石给他们。他们中有像我这样五十多岁的人，有三十来岁的上班族，有二十岁的年轻人，有足球运动员，甚至还有十岁的孩子。我还组建了一个俱乐部，它的名字叫做'每天给我一次拥抱'协会，我们每周都有一次聚会。在聚会上，每个人都会互相拥抱一次，然后在接下来的七天时间里，都会过得很快乐！"

其实，波特先生的感慨正是我们倡导"3分钟陌生人"拥抱游戏最根本的目的——在最短的时间内，用一种强烈夸张的行为激发一个人全部的生命潜能，让他心无旁骛，只为达到一个最直接的目的，使得一个人对于朋友的渴望回归质朴的境界，感受人与人之间最为纯真的直接接触体验。

不是为了某种功利的目标，只是让对方注意到自己。比如，当我们行走在街头时，为了使对面的那些女人或帅哥多看你一眼，向我们投来赞赏和倾慕的眼神。然后呢？或许后面的事情就没有什么实质性的意义了，因为双方已经打开了一扇流通着新鲜空气的窗口，在两个人之间已填充进了一种足够慑人的气场。即：我们都明白，原来自己的心底是如此地渴望他人的关注，希望可以在这座拥挤的城市有人可以互相慰藉，让彼此不再陌生，不再孤独！

一个简单的"拥抱"的动作，就可以帮助我们打开这扇窗口，你就能够由此进入陌生人的世界，使他在与你零距离接触时，在短短的三分钟内就决定与你进行深入的交往。

在三分钟的时间内，能够做到的事情还有很多，未必会全部符合你初始的计划。不过，有这样一个伟大的起点，已经为我们融入陌生人世界打响了漂亮的起跑第一枪。

最后你会发现，表达出最真实的自己是非常困难的，但只要突破了这一层心理障碍，你就可以轻而易举地让人们看到你的优点。关键是你用自己的真诚打动了另一颗陌生的心，让他们向你敞开心扉。

"3·S·H" 运动的3A原则

人与人交往的过程，就是一种互动的过程。没有互动的人际关系，很难称得上真正的交流，或许只能算是冰冷冷的名片夹中的一串串号码。人们既可以互动"恶意"，也可以互动"善意"。当然，我们需要在互动时展示出应有的善意，使得气氛更融洽，并让双方的关系可以更进一步。但是，善意的表达需要一定的技巧，如果不太恰当，反而会引起别人的反感。

"陌生人拥抱"运动的3A原则，基本含义是在频繁的人际交往中要成为受欢迎的人，你就必须善于向交往对象表达出自己的善良、尊重和友善之意。实际上，在任何情况下，不论对谁，我们都要尽可能地表达出自己的尊重和友善之情。

3A原则强调交流的途径：

第一，首要心态是你乐意并发自内心地接受对方。

不要轻易和随便地打断别人的谈话。

不要轻易地补充对方没说完的东西。

不要随意地更正和否定对方，因为事物的答案有时不止一个。不属于绝对的是非原则的话，就学会先接受对方，再去讨论差异。

第二，真正地打心里去重视和欣赏对方的长处，以及他与众不同的地方。

在人际交往中要善于使用尊称，比如记得称呼对方的职务。

你要记住对方的名字，比如接过名片要认真看，记不住时也不要张冠李戴。

要看到对方的优点，不要专找对方的缺点。更不能当众指正。

第三，巧妙与得体地赞美对方。

对于交往对象应该给予的一种赞美和肯定。

懂得欣赏别人的人，实际上也很懂得欣赏自己。

赞美对方也有技巧，我们必须实事求是，同时也不能太夸张，夸人就要夸到点子上。

很多人在人际交往过程中会陷入一种互动的障碍，比如试图表达出善意却被别人误解。我们经常会听到一对夫妻争吵不休，之后不欢而散甚至是就此一拍两散。如果你去问他们为什么要争吵，他们肯定会说："我这都是为他（她）好啊！我这是爱他（她）。"但是，这种出于善意的动机给对方造成了实质性的伤害。

那么，我们在人际交往过程中，如何避免这种善意的动机带来的伤害呢？简单地说，就要学会针对性的"安抚"。

著名的交互作用分析大师斯坦尼将这种不利于人际互动的障碍概括为"安抚经济学"。为了打破这种人际互动的限制，让人们能够在人际互动中充分体验到愉悦和幸福，斯坦尼提出了一种关于"开放心灵"的安抚新规则：

1. 你可以给你想要给的安抚；

2. 你可以请求和接受你想要的安抚；

3. 你可以拒绝你不想要的安抚；

4. 你也可以给予自己安抚。

斯坦尼在这里提到的安抚，就是我们的人际互动中的最小单位。它可以是一句话、一个动作、一个眼神，等。实际上，所有的人际互动，都是一次人与人之间交换安抚的过程。安抚可以满足对方内心的某些重要需求。

有一个饥肠辘辘的路人，在一家人的大门外徘徊，迟疑许久，没有走进去。男主人注意到了这个人，就走到大门口，让这位路人把篱笆下的一堆木头搬到不远处的另一个地方。路人因此得到了一顿美食。实际上，那堆木头根本不用搬动。

男主人在帮助那位路人时，首先通过观察了解到路人的心理特点：他的自尊心很强。因此，他没有采用某种施舍的办法，而是给对方一个用劳动换取报酬的机会，这既维护了路人的尊严，也帮助了路人。

必须在安抚时尊重对方的意愿和人格，这就是避免善意互动变成伤害给予的一条基本原则。

人们如果相互希望得到的越多，想要给予对方的越多，就必定会发生化学反应，在这种交换安抚的过程中变得愈发亲密。有一次，我和一位从美国西部过来的朋友在纽约搭出租车，准备一起去帝国大厦。下车时，我对司机说："谢谢您，搭你的车十分舒适，这是一趟值得记住的旅程。"司机听后愣了一愣，随后露出了灿烂的笑容，说："谢谢你，先生，这是我今天听到的最让我感到舒心的一句话。"

我相信，只需要一句小小的赞美，就可能让那位司机一整天都处于心情愉快的状态。我想，我的收获是什么呢？司机的心情愉悦，那么接下来搭乘他的出租车的乘客也会受益，有可能他会对这些乘客态度和善、沟通良好。可以说，这种好心情，会让他与别人的交流变得更为顺畅。

那么，这些人因为受到了司机的乐观情绪的感染，他们在下车后，也会对周遭的人和颜悦色。如此说来，我的好意可以间接地传达给难以计数的人，一次积极的人际互动交换，可能引发了大规模的蝴蝶效应。

我们曾经调查过美国邮政公司在华盛顿特区、加利福尼亚州和得克萨斯州三地的六百名员工，发去个人邮件询问关于"工作感受"的话题。他们最感沮丧的除了薪水微薄外，就是缺少别人对他们工作的肯定。虽然他们的服务的确有些"差劲儿"——时常对人爱理不理，效率低下，有时还会出言不逊，但更多的原因则是，很少有人去在意他们的服务质量，也没有消费者鼓励他们做得更好。

没有人给他们积极的交换互动，所以他们只有付出而没有回报，当然就只有沮丧这一种情绪选择！

在几年前的一次培训中，我对一名创业型公司的老板说，如果你想培养出自己坚忍的意志，首先你就该学习向身旁最亲近的人说一声"我爱你"。这句话说得越多，你的意志力就越坚定。

起初，他对于这一点颇不以为然。他嘀咕着说："嘿，这种肉麻兮兮的话和意志坚忍能扯上什么关系呢？"

我说："坚忍的意义是什么呢？一个心灵坚强和自身意志无比坚忍的人，同时也应该是思想开通、不屈不挠、行为自律、做事灵活，表现出全方位的优秀，对吗？"

他有些疑惑，但继续问道："这些话我当然是赞同的，但这与那句'我爱你'有什么关系呢？"

我没有直接回答，而是让他自己去尝试："或许这个问题，我们可以在几周以后再交流。"

他摇着头走了，没有参加当天下午举办的"陌生者"拥抱活动，也没有给我们的工作人员打电话取消他的会员资格。事实上，在随后的几周，他就像消失了一样。但是后来，他突然给我写了一封邮件，讲述了他"开窍"的过程。

"那晚，我和太太两人坐在客厅的两端，脑中仍想着你当初说的话。霎时间，我发现自己竟然鼓不起勇气向我的太太表示爱意，我好几次清了清喉咙，但话到了嘴边，只含糊地发出了些声音，又吞了回去。我的太太抬起了头，问我刚才小声嘟哝了些什么，我若无其事地回答说没什么事。突然，我起身走向她，紧张地将她手上的报纸拿开，然后说：'宝贝，我爱你。'她好一阵子说不出话来，泪水涌入她的眼眶，这时她轻声地说：'亲爱的，我也爱你，这是你五年来第一次开口说爱我。'

"我们当时都感触万千，深深体会到爱能化解一切纷争和摩擦，能燃起本来已经熄灭的生活激情。李，我沉思了许久，终于领悟了你所说的那番话有更深一层的意义：如果我能真正地了解以爱待人的含义而且身体力行，定然能对我在公司的管理方式产生正面影响，让我懂得坚持，并能坚定信念。"

当你明白这些准则时，若能身体力行，假以时日，就可以彻底地改变我们与人共事的方式。我们能够学会仔细地倾听他人的想法，多去欣赏他人的长处，少去计较他人的短处；我们就能体会到帮助别人建立信心的那种快乐。

更重要的是，我们能了解在交往中真正地尊敬他人的最佳方法。这或许才是"陌生者"拥抱运动带给人们的最为宝贵的收获。

陌生人的表情和
身体语言定律

即便人们脸上流露出的是一些很不经意的表情符号——他们可能承认、但更多的是否认这些表情背后的含义——其中也蕴藏着十分巨大的能量，代表着一个人真实的心声、目的和思想，或许还透露着他们不想让你知道的计划。它可以达成和改变许多东西。

你可以想象一下，自己有一天从父母那里得到梦寐以求的礼物时的表情是什么样的？

假如，你在某一天不小心踩到了路边的狗屎呢？

毫无疑问，你会做出"与众不同"的反应，惊喜、狂怒、沮丧，或者感到万分迷惑。人们特定的面部表情是与特定的内心情绪相对应的。在大多数情况下，我们都能通过周围人的面部表情识别他们真实的情绪状态，除非他是一个特别麻木的人——但"麻木"本身也是一种重要的表情。

我们在和别人进行交流时，在93%的情况下都是通过非语言的隐性传递信息，而仅仅有7%是通过实际语言表达的。一个微小的表情、一个随意的语气、一个习惯性的手势，等，都有机会直指一个人的内心，哪怕只是一次不易察觉的挑眉或者没有任何动机的扁嘴动作，都可能暴露你的心事。而且，表情符号还会出卖你的年龄、习惯、生活状态等诸多信息。

许多人在平时和别人交往的过程中都会犯一个错误，也正在犯这样的错误。他们根本不会注意到对方的身体所发出的信号，只是专注于倾听他（她）的语言。人们总觉得，嘴里说出来的信息才是重要的，也是正式的。但我告诉你，仔细观察对方身体一举一动的重要性，和专心致志地聆听对方的讲话是一样的。它们同等重要，甚至可以说，表情和动作传达出来的信息更加关键。

有一次，我去香港一家大型超市推销电器。在我走进超市的经理办公室之前，我已经通过充分的调查，证明他们确实需要更换已经陈旧的部分电器。经理热情地接待了我，我们讨论了二十分钟。他向我介绍了超市在这方面的计划和打算，以及他们准备的资金。

他说："贵公司的产品向来是质量很棒的，我早有闻名，欢迎你们提供详细的说明和报价。"

但是五分钟后，我就决定取消这次推销，因为他不可能买我的产品。你可能感到疑惑，经理不是在欢迎你吗，为何打起了退堂鼓呢？原因就是，我在他的眼神中看到了他的心不在焉。在和我讲话时，这位经理始终心神不定，脸上的热情和笑容都是假装出来的。他一边跟我说话，一边不时用眼神斜瞥办公桌上的那几份文件，还看了几次墙上的时钟。

我知道，一定是有人捷足先登了，而且他们已经谈好了条件，敲定了订单。经理与我的交谈，不过是出于礼貌罢了。

如果你只是倾向于根据语言的表达在短时间内判断对方的真实意图，在上述情况下，你就会做出错误的判断，浪费无谓的精力和金钱。在交流时，如果不注意别人在表情和动作细节上的变化，就像给自己的眼睛戴上了一副厚厚的黑眼罩一样，虽然什么都听到了，但什么都没明白。

身体和表情的语言并不难发现，它们始终活跃地存在着，只是我们一直对此疏忽。经过这些年的公关工作和培训经历，我越来越确信这一点，大多数人都不会注意到周围世界的细节变化，只是一心想尽快搜集到"关键信息"。他们不会意识到自己的周围有一个丰富多彩的世界，每个人的身体都是一个丰富的信息表达平台。

一个人通过很简单的动作表现出来的真实思想或真实目的，与他刚才讲的话可能是截然不同的，这个简单的事实并非人人都知道。

这就是我们要解决的问题所在。我们经常能听到类似于下面的困惑：

"我的丈夫提出要跟我离婚，可我竟丝毫没有察觉到他对我们的感情有什么不满。"

"我的孩子已经有女朋友两年多了，那个女孩还以同学的名义跟着他到家里来做过客，但是我一直都没看出来。"

"我正在跟这个人很平和地讨论问题，没想到他突然跳起来给了我一拳，我之前竟然没有察觉到他的愤怒。"

"老板刚才找我谈话，他对我的工作表示满意，赞扬了我一番，但是我没想到他最后把我解雇了，让我另谋高就。"

其实，并不是对方没有表示出来，而是我们忽略了别人的表情和身体语言的结果。就是因为那些轻微而隐匿的表情和动作，才让我们经常性地懊悔："我怎么没有发现呢！"只有平时勤加观察，总结出人的表情与内心之间相联系的规律，才能细致入微地通过人们表情的不同和变化，分析出他们的真实想法。

3分钟帮你分辨一些重要的表情和身体语言

★真正的吃惊表情转瞬即逝，超过一秒钟便是假装的。

★撒谎者不像惯常理解的那样会回避对方的眼神，反而更需要眼神交流来判断你是否相信他说的话。

★男性的鼻子下方有海绵体，他们摸鼻子代表想要掩饰某些内容。

★手放在眉骨附近表示他的羞愧之情。

★在叙事时眼球向左下方看，这代表他的大脑在回忆，他所说的是真话；而谎言往往不需要一个回忆的过程。

★在说话时单肩耸动，表示他对于自己所说的话极不自信，也是说谎的一种表现特征。

★人在害怕时会出现生理性逃跑反应——血液从四肢回流到腿部（做好逃跑准备），因此手的体表温度会下降。

★在明知故问的时候，人的眉毛有时会微微地上扬。

★如果对方对于你的质问表示不屑，通常你的质问就会是真的。

★假笑时的眼角是没有皱纹的。

★当面部表情两边不对称的时候，他们的表情极有可能是装出来的。

★摩挲自己的手，是一种自我安慰的表现。当你不相信你自己所说的话时，这样可以使自己安心。

★抿嘴两次，这是典型的模棱两可。

★双手抱胸、退一步，这是一种肢体抗议，说明他正在说的话并不可信。

★虚情假意的人不会眨眼，因为眨眼时的动作会透露人内心的真实情感。

★纵火案犯与强奸犯在动机上有着惊人的相似，你可以调取一些审讯记录来分析，一定能从中发现他们相似的作案心理。

★说谎者在说谎前眼神会飘移。在想好说什么谎后，他们的眼神就会表现出肯定。如果你冷静地反驳，说谎者则会再次出现眼神的飘移。

★撒谎者面对一个提问时，通常会先有点失措，然后借假笑的时间迅速思考，想出一个并不高明的谎言，然后异常坚定地回应。而且，他会一直自言自语，越说越多，因为沉默的时候，他总觉得别人还在怀疑他。

★话语重复，并且声音上扬，这说明他在撒谎，至少有部分是不真实的。

★说话缓慢轻柔，表明了内心极度的悲伤和焦虑。

★轻微的摇头表示"不"，当我们在说"是"的时候却言不由衷，就会不小心做这个动作。

★眉毛挑起然后皱到了一起，有可能表明他在害怕或有所畏惧。

习惯和本能：
哦，我是这样的！

　　我们自身一些通过长时间养成的习惯和本能，决定了我们在交际中的特点。通常，这些特点都会在三分钟内集中表现出来，成为一些特定的"画音行"三位一体的映象，体现了某种个性。

　　人的优点和缺点同时存在，它们构成了"我在别人眼中是一个什么样的人"的主要要素。在评价一个人时，人们通常会用这么几个短句来进行总结：

　　"他是一个性急的家伙！"说明这个人性情急躁，冲动，没有耐心。

　　"他是个慢性子！"那么这个人可能是一个说话慢条斯理的人，别人用一句话能讲清的事情，他可能要用三句五句，说话做事，不紧不慢。

　　"他很善良，特别容易沟通！"说明这个人品格高尚，平易近人。

　　"他城府很深！"这个人不容易看透，精于伪装，是一个善于隐藏的人。

　　我去会见一位初次见面的客户，然后回来对他的为人进行总结。我发现对方彬彬有礼，说出的每句话都经过了认真的思考，这说明他是一个很谨慎的人——这是优点；与此同时，他不轻易做出决定，表现得有些犹豫，总喜欢说"回去想想、看看再说"，从而显得不那么果断，即使我已付出了最大的诚意——这就是他的缺点。

　　在短时间内，一个人就会将自身最基本的性格特点通过行为举止表现出来，对方也会就此对他做出一个大体的判断。这些判断的过程几乎不受我们大脑左右，因为这些近乎本能的认知能力是在漫长的岁月中形成的。但是，我们可以通过给自己设置一面"镜子"——经过反思、调整和练习，尽可能地认清自己、改善自我的习惯，形成新的更加优秀的"本能反应"，让我们在三分钟的时间内释放最强的吸引力。

　　交际和应酬不仅是出自本能的需要，同时也是适应社会和个人进步的一种必不可少的途径。因此，从本质上看，交际是一种信息交流。我们需要给予信息，目的是获得信息。我们必须尽力避免一种现象：由于自己的表现不当，给他人留下不良印象。

　　必须从自己的习惯入手，调整这些本能反应，改善我们释放出来的信号和心灵状态，让自己变得更容易接近一些。

　　开始交流前，我们可以拿出三分钟时间，先问一下自己：

　　我这次的谈话目的是什么？

　　要谈多长时间？（这个问题决定了你可以传达多少信息）

　　对方倾向于选择哪种交往方式（私人、商业性质，随意、正式，等）？

　　对方要得到的信息要多详细呢，只是概述就可以了，还是要有大量的细节表达？

　　对方喜欢在哪些地方跟我交往？是喜欢快节奏的交流，还是倾向于选择慢而谨慎的交流？

　　解决这些问题的目的，就是了解对方的习惯和本能的过程。人与人之间的关系，从某种意义上来说就是适应彼此的习惯，然后再交换能量和信息。有时候，习惯是有积极作用的，而有时它会产生消极作用。对方可能喜欢你的交际方式，也可能极为讨厌；反过来，我们看待别人也是如此。

　　通过调整自己的方式来了解别人，可以反映出你试图使交往变得更加积极，充分展示你的善意并尊重对方，从而让你和身边的人都从人际交往中获得能量，变得更富有活力。

一种让人们在短期接触时就立刻因你而产生积极的好心情的方法就是："学着用别人喜欢的方式来对待别人。"看清自己，再去适应别人，这就是正确的。不要用一种你喜欢的被人对待的方式来对待别人——这是对于他人的无理索求，是一种忽视付出的单向要求。在他人看来，你只能是一个"活在自我世界中的人"。

在交往的过程中，我们经常会因为固执地坚持自我，遇到误伤了别人自尊心的尴尬。虽然自己的本意是好的，但是长期养成的我行我素的本能，会无意中伤害到别人。要知道，这种本能的"好意"必须在合适的条件下使用才能发挥作用，如果用错了，效果就会适得其反。

有一天，富兰克林和年轻的助手一起外出办事，来到办公楼的出口处时，看见前面不远处正走着一位妙龄女郎。也许是她步履太匆忙，突然脚下一个趔趄，身体失去平衡，一下子跌坐在地上。

富兰克林一眼就认出了她，她是一位平时很注重自己外在形象的职员，总是修饰得大方得体、光彩照人。助手见状，刚要迈开大步，上前去扶她，却被富兰克林一把拉住，并示意他暂时回避。于是，两人很快折回到走廊的拐角处，悄悄地关注着那位女职员的动静。

对于富兰克林的举动，他的助手很不解，欲言又止。面对助手满脸困惑的神情，富兰克林只是轻轻地告诉他："不是不要帮她，但现在还不是时候，再等等看吧。"不一会儿，那位女职员站起来，环顾四周，掸去身上的尘土，很快恢复了常态，若无其事地继续前行。等那位女职员的背影渐行渐远，助手仍有些不理解。

这时，富兰克林淡淡一笑，反问道："年轻人，你难道愿意让人看到自己摔跤时那副倒霉的样子吗？"助手听了以后，恍然大悟。

我讲这个故事是为了说明什么呢？"善良之心"当然是一种很好的习惯。碰到跌倒的同事，你就想扶他起来；看见受伤的人，你想过去安慰他。这个世界需要善意和爱，并因此充满了希望。如果人人都有这样的习惯，我相信就不会再有什么对于"陌生人"和人际关系的抵触情绪。

但是，问题出在哪儿呢？当你向对方表达善意、施与和关爱的同时，在你本能地做出一些反应时，如果误伤了对方的自尊或令人感到不适，你会为此而感到遗憾？因此，有时候你会发现，"勇敢"和"坦诚"虽然是非常优秀的品质，但在人际交往中应该格外注意给它们拴上一条绳索，控制展现它们的力度和时间。

人们在交往时还必须排除一些误区，以免成为别人眼中的"俗人"，或者使自己成为待人处世的盲从主义者。你必须避免下述坏习惯，从这些世俗观点中跳出来，用宏观的态度去判断他人，并制订属于自己的有针对性的人际交往策略。

★以第一印象作为取舍和判断的标准

一般而言，在第一次接触交往时对人形成的印象会非常深刻，而且常会成为一种基本印象，影响到对他人各方面的评价。第一印象多数时候是不可逆的，一旦形成就很难改变。相亲和面试是对第一印象要求最高的两个场合，超过九成以上的人都是因为给对方留下的第一印象不佳而出局的。

我告诉你，尽管第一印象是如此重要，但如果你盲目地相信它，你就会无法避免地犯下错误。因为它得之于较短时间的接触，又无以往的经验做参照，所以它的主观性和片面性都很强。

因此在待人处世时，我们一定要注意"第一印象"消极的一面，既不能因第一印象不好而全盘否定他人，又要防止被一时的表面现象所迷惑。一个基本原则是：在尽可能地给他人留下最好的第一印象的时候，防止被别人展现给你的第一印象所蒙蔽。学会透过现象去看本质，冷静、理性和审慎地思考，并通过长期的相处，全面和正确地认识一个人。

★因为偶尔一件事情就下定论

有的人只是犯了一个大的错误，闹得尽人皆知，于是就有人说："他从来就不是好人，我早看出来了。"你会相信并跟随这种说法吗？

有的人做了许多错事，早就恶名远扬，突然有一天他做了一件善事，给路边的乞丐十块钱，让他去买包子。于是有人赞叹道："想不到他是这么善良的一个人哪！"难道你因此也相信这人的说法是正确的？

因为一件事情的成败，就给人盖棺论定，这是当今许多人的思维方式，也是人们一种普遍的心理定式。由于这种心理定式的作用，人们往往会以最近的印象来评价他人。当他做坏一件事时，人们就觉得他一无是处；当他做好一件事时，人们又觉得他"还不错"。

心理学上有一种效应叫作"光环"效应：一个人的一种优点、优势被放大，就变成了笼罩全身的"光环"，甚至于他原来的缺点也被掩盖，或者被蒙上了一层夺目的光彩。这是对于他人认知的最大失误，以偏概全、以点代面。

你必须避免通过个别事件去做出判断，因为它并不一定能如实地反映全部和整体。在一个人诸多的行为或性格特征中，抓住某个好的或不好的方面，就断定他是好人或者坏人，无疑是非常幼稚的行为。

★先入为主地评判别人

有一次，我去施奈德公司与客户洽谈，他的助理为我端上咖啡，这时有一位澳洲妇女（他们部门今天刚上班的新员工）进了办公室，敲敲门说："请问我们公司的卫生间在哪儿？"客户助理为她指明了方位，回过头就摇头轻笑道："澳洲人真是令人不可理喻，竟然跑到这儿来打听卫生间，她难道不知道自己的脑袋上面就顶着一块闪亮的指示牌吗？！"

客户听到后，马上严厉地训斥了她，当着我的面宣布扣罚她本季度的奖金。因为她的言行背后的思维逻辑，实在不是一个高级助理应该具备的思维。在没有看到前因的情况下，她凭借头脑中固有的观念，对这位澳洲新员工做出了一个很不友好的评价。在我们的头脑中，总有着一些来自各种途径的观念，因为存之已久，形成了一种牢固的习惯性反应，当我们评价别人时，通常会先入为主。比如，我们觉得美国人是开放的，英国人就是保守的，商人一定精明又黑心，农民一定是老实本分的……诸如此类。这些我们储存在头脑中的固有观念和思维定式，在人际交往中会本能地决定我们的反应。

如果我们不能通过反思对它们进行调整与控制，在交际中就会不可避免地犯下一些错误。

"喂，请告诉我，
怎样向你靠近？"

史蒂文森说："在这个已然缩小的地球上，人与人之间不再只是陌生人了。"每个人都有靠近陌生人的机会——即使你想与奥巴马、奥普拉或者尼古拉斯·凯奇近距离地交流几分钟，也是可以做到的。只要想到一个合适的方法，找到那个正确的跳板，这就是六度人脉的真谛。

在这个星球上，人们需要再接近一些，但要越过一些暗示危险的栅栏，避免释放出危险的信号，使得对方对你做出积极的判断，而不是感到你对他是有威胁的。

这需要通过一些正确的方法，来展示我们的善意，告诉对方，"我是安全的"。这可能需要长期的训练，但我保证，它并不比你戒掉香烟或改变睡懒觉的习惯更加困难。

其中，一个最为快速直接的方法就是让别人听到你对他的赞赏和肯定的评价，这是一种友好信号的传递，听到的人会从心理上认定你是一个友好的人，并且乐于与你交往。

美国社会心理学家阿伦森与林德请了许多被试者，分成四组来参加一项实验。其中一位被试者实际上是研究者的助手，亦即假被试者，研究者安排这名假被试者担当这些被试者的临时负责人。在每次实验的休息时间，这名助手都会离开被试者们，到研究主持者的办公室向其汇报情况，其中会谈到对其他被试者的印象和评价。被试者们的休息室与研究主持者的办公室只有一墙之隔，虽然两人压低声音谈话，但是实验以巧妙的安排，让被试者们每次都能清楚地听到别人怎样评价自己。

这项实验具体有四种层次有序的情境：

肯定：让第一组被试者始终得到好的评价：假被试者从一开始就用欣赏的语气说他们如何如何好，他如何如何地喜欢他们。

否定：对于第二组被试者，假被试者从开始到最后都对他们持否定的态度。

提高：对于第三组，前几次的评价是否定的，后几次则由否定逐渐转向肯定。

降低：对于第四组，前几次的评价是肯定的，后几次则从肯定逐渐转向否定。

当这四种情境测试完毕后，研究者询问所有被试者：你在多大程度上喜欢这个助手呢？然后，让他们在从−10到+10的量表上做出回答。

实验的结果发现，喜欢程度的平均分：第一组的得分是+6.42，第二组为+2.52，第三组为+7.67，第四组为+0.87。

最后研究者认为，前两组的表现说明了人际吸引中的"交互性原则"：

你肯定别人，别人就会喜欢你；你否定了别人，别人也不会喜欢你。

对于这种现象，心理学家霍曼斯通过自己进一步的发现指出，人与人之间的交往，从本质上说是一个社会交换过程。只有当一种关系对人们来说是值得的，人们之间的交往行为才会出现，人际关系才能建立并维持。

也就是说，在人际交往中，人们内心产生的"喜欢"与"厌恶"、"接近"与"疏远"，其实是一个相互的过程。在一般情况下，对于那些真正喜欢我们的人，我们才会表现出自己的肯定，才会去喜欢他们；对于那些愿意接近我们的人，我们才愿意去接近。相反，对于那些疏远我们、厌恶我们的人，我们的反应也是相应的，也会对他们表现出一定的疏远和厌恶。

生活就像一面镜子，不是吗？我们都知道，乐观与消极就是这么产生的：你对自己微笑，生活就对你微笑。同样，如果你想得到一个微笑，你就要先给别人一个微笑。千万不要一厢情愿地认定别人就要为你做些什么，因为事实上，他人并没有任何义务无条件地不要求回报地帮助你。

另外，这一实验还揭示了人脉交际中的"增减原则"。

在一家食品店里，顾客们常常喜欢排成长队在一位售货员那里购买食品，而别的售货员却无事可做。一天，店领导问这位售货员有什么诀窍。"很简单，"她回答说，"别的售货员称糖时，总是先装得满满的，然后再往外取出，而我相反，先装得少一些，过秤时添上一些，并顺便说上一句：'我送你两颗，谢谢你光顾，欢迎再来。'这就是我的诀窍。"

事实是，每一位售货员卖给顾客的东西在斤两上都是不多不少的。但是，如果先装多了然后往外取出，顾客们就会认为是从他的袋子里往外取，在心理上容易怀疑："这家伙是不是故意少给我了呢？"

相反，如果你先把食品装少一点，在过秤时再往里添加，顾客对于售货员就容易产生一种信任感，他们觉得：呀，这个售货员真不错，他一定不会给我缺斤少两。有的人还会在潜意识中认为自己占到了一些便宜。

这种人际吸引的增减原则值得我们在实际交往中加以运用，它有助于避免由于自己的表现不当造成的他人对自己的印象向不良方向逆转。

在运用这一原则的过程中，你必须警惕自己过于急迫的心情，有时越是急于达到目标，越是容易暴露你的焦躁和轻浮。或者说，在对方看来，你是一个目的至上的实用主义者，向他靠近的动机并不是真诚地理解他，而只是为了达到自己的目的。

另外，毫无根源和提示性的"靠得太近"，也是交际中的一种危险信号。美国人类学家埃特瓦特·霍尔的研究表明，人际关系可通过八种距离来判定。在不同的场合要保持不同的距离，才能达到交流的效果。

★ **密切距离**

接近型：0.15米

这是为了爱抚、格斗、安慰、保护而保持的距离，是双方关系最接近时所具有的距离。这时候语言的作用很小，身体接触和肢体动作传达的信息更加重要。

较近型：0.15~0.45米

这是人们伸出手就能触及对方的距离。是关系比较密切的同伴之间的距离，也是在拥挤的电车中人与人之间的距离。

★ **个体距离**

接近型：0.45~0.75米

这是我们能够拥抱或抓住对方的距离，对于对方的表情可以一目了然。男人的妻子处于这种位置是自然而然的，夫妇之间在外面经常保持这个距离，以便随时可以互相提供保护。而其他女人如果与这个男人处在这个距离内，则容易令人产生误解。

稍近型：0.75~1.2米

这是双方同时伸手才能触及的距离，这是对人有所要求时应有的一种距离，它适用于普通的朋友进行交流时保持的距离。

★ **社会距离**

接近型：1.2~2.1米

这是超越我们的身体能接触的界限，是办事、工作或出差时同事之间所处的一种距离。保持这种距离，使人具有一种高雅、庄严的气质。当我们去见客户时，一般也以这个距离为宜，过远或过近都容易造成气氛的改变，给对方压抑感或疏离感。

远离型：2.1~3.6米

这是为了便于工作所应保持的距离，工作时既可以不受他人影响，又不会给别人增添麻烦。夫妻在家时，保持这种距离，也可以做到互不干扰。

★公众距离

远离型：7.5米以上

这是人们在讲演或领导在训话时采用的一种距离，彼此互不相扰，并有利于充分地、轻松地表达自己的观点，也利于人们的大胆提问。因为七米以上的距离意味着绝对安全，这是身体和心灵双重的安全距离。

稍近型：1.5~2米

人与人在偶尔接触时的距离，出于暂时的交际需要，比如问路等。同时，我们去购物或与陌生人进行短暂交流时，这也是一个最佳距离。

六十秒建成人脉中转站

现在，我有一个疑问，它是："用一分钟的时间，我们能做完什么事情呢？"

我希望每一位读到这本书的人，都能够尽情地发挥思考力和想象力，调动记忆，来看一看自己究竟能在六十秒内完成什么事情：

抽完一支香烟？它可能需要至少三到五分钟。

喝完一杯茶或一杯咖啡？它耗费的时间更多。

一千字的阅读量？不，一分钟远不足以理解这些信息。

……

当你绞尽脑汁地回忆自己在过去的一些日子里的所作所为时，可能丝毫也找不出能在一分钟内完成的一件有意义的事情。

但是，也许下面这些恰好是我们能做到的。我们能在很短暂的时间内知道怎样让自己变得更好，在别人面前如何才能表现得轻松自如并打开一扇交际的窗口。而且，人们需要学习一些快速交际的技能，即便无法真的做到零距离，至少也可以比以往做得更好。

你只需要短短的一分钟，就能让人们觉得你是一个幽默的和可以结交的人，你能为他提供一些新的机会。你们之间就打了一层人脉的绳结，建立了固定的连接。就像两个不同的程序那样，快速地实现兼容，才能共享信息和增加"系统"运行的效率，扩大彼此的圈子，将你生活中所能涉及的和发生联系的不同圈子连接在一起。

啊，微笑！

微笑需要的时间最短，它只要零点五秒，就能完整地展示出来。

没人会主动地去喜欢那些肌肉僵硬的人，不管是去面试、相亲，还是在电梯间的偶遇，微笑都是打破僵局的"利器"，特别是在你感到无话可说时，可否先笑一笑，将你的友好传达给他人？

真正的微笑可能不是人们平常想象的嘴角上翘那么简单，而是一种张弛有度地去身心合一地表达善意。首先你的心要笑出声来，脸部的肌肉动作才会更自然。这就告诉我们为何"干笑""假笑"总是能迅速地被人发觉，只有会心的笑容才能被对方的心灵接收到。

积极心理效应

用一瞬间的调整，让自己的心态积极起来，并影响到对方和周围的人。假如你正身处一个消极氛围浓重的团队，意识到这一点格外重要。发生问题时，谁能最快地积极起来，谁就能在心理上有更大的机会成为这个团队的领导者。

当矿难发生时，困在井下的人会自觉地跟随心态最积极的那个人，拥戴他成为逃生的带头人。

在野外探险者中，团队首领总是那些善用积极心理鼓励成员的人。

在各种交际场合，乐观和情绪积极的人最受人们的欢迎。

这样的例子数不胜数。人们更喜欢那些可以带来"积极心理效应"的人。所以，应用这一原则的技巧是，当你们第一次见面时，尽量回避容易产生负面情绪的话题，比如金融危机、中东战争、公司裁员，还有日渐高涨的房价——很可能对方正为此头疼。

否则，对方由此产生的负面情绪会不自觉地转移到你头上。在他的潜意识里，或许使他产生坏心情的罪魁祸首就是你。因此我常建议人们，在初次见面时多讨论轻松的话题，比如最新款的苹果手机、化妆品的牌子，或者你知道的能够取悦于对方的任何信息。

有效的回应

记住，如果对方有此需求，请在第一时间做出回应并保证有效性！

回应的速度取决于你们交谈的进展，有时可能会超过一分钟。一旦决定回应，你的阐述速度不应超过一分钟，并尽可能地做到简洁和有效。

我们首先选择做一名倾听者，但不能只懂得点头。及时的回应可使人在你身上找到共鸣，有"终于遇到知己"的感觉当然最好了。

切忌的是，不要在对方说话时插嘴，也不可抢话或延迟回应。对方若不给你回应的机会也不要紧，那就点头表示赞同并微笑好了。这一系列积极反应会让他对你心生好感。当然，如果他是那种从不善解人意和在说话时蛮横霸道的人，我们大可在完成这次谈话后，再也不联系他。

令人印象深刻的举止

尽可能使自己的第一个"重要举止"就让人产生深刻印象，有时并不需要一分钟这么长的时间，两三秒就足够了，前提是你必须与轻佻、浮躁、危险、反应过度和反应错误等不恰当的举止绝缘。

茱莉亚被称为好莱坞永不凋谢的交际花，她之所以给人留下这种深刻的印象，是因为她有几个独特的大笑表情是谁也模仿不了的。别的人当然也能够大笑，但只有她的大笑才是属于茱莉亚的招牌笑容。

拥有几个只属于你的经典表情或可使人印象深刻的举止，能让别人的脑海中关于你的记忆增加一些强烈的印记。这种特殊的招牌举止，会使人即便只见过一面，也对你念念不过，甚至过去几年了还依然记得。

这样的表情其实人们很容易就能做出来，区别只在于你能否发现和练就。它当然不一定是微笑或者大笑，也可以是某个其他的面部表情，某个抬手或行走的动作，某个坐下的姿势。你可以经常在镜前练习，然后找到一个自认为最好看的表情，在重要的场合不经意地做出来。

你经常目中无人？

在谈话时，你给人的印象是什么样的，经常把后背靠在椅子上、给人目中无人的感觉吗？如果有人（通常干这事的是亲密朋友）特意提醒过你，你可要及时改正，否则必然损伤你的人际关系，并使陌生人对你"敬而远之"！

剑桥大学的一项心理学试验表明，当面试官傲慢地仰坐时，有36%的面试者会对这家公司产生不信任感，从而降低进入该公司工作的欲望。只有在私下场合面对非常亲密的朋友时，你才能随意地靠在椅背上与对方说话。当对象换成陌生人或一般朋友、同事及客户时，我建议你尽量挺直后背，上身前倾，使人感觉到你在有意地拉近彼此的心理距离，感受到你的尊重，而非傲慢和疏远。

遵守"三角区"原则

说话时集中注意力，但我们的视线应投向哪儿？

眼睛肯定不是一个最恰当的选择，正确的做法是找到"焦点关注区"：以对方的眉心为顶角、两颧骨为底角所形成的三角形区域。如果你的目光能不断地于这个"三角区"的范围内投射，将给人留下他正被强烈地关注、正在成为你的注意力焦点的印象。

注视对方的眼睛会形成一种压迫感，令人感觉不适和"难以逃避"。如果你死死地盯着对方的双眼，还会让他产生敌意。严格地遵守"三角区"原则，则能使人对你的好感倍增。

仍然是倾听！

倾听，请继续倾听！

很少有人能够频繁地对自己强调这一条"初接触的A级原则"，但我仍然需要再次告诉你：永远将表达的时间优先留给对方！特别是第一次见面的第一次表达机会，请他先说，你就等于占据了优势。

在与陌生人第一次见面时，双方并不熟悉，一切从零开始。两个人（或一群人）互不了解，此时更应该谨慎发言，多听少说，既能展示你的绅士风格，也是你从容观察、分析和判断对方的良机。

如果没有共同话题?

通过简短的对话，也许只需要三两句，就能找到自己与对方的"交集"，顺利地交谈下去，这当然是最好的结果，但是如果你没有发现共同的话题呢？我教你一个最省事而且绝对不犯错的方法：适当地重复和跟随对方的观点，深入讨论他感兴趣的话题，引导他继续表达自己的观点。

这可以使你们的关系在几分钟内就迅速地加深，至少可以消除一些不必要的怀疑和警惕，增进他对你的好感。尤其当你碰到的人与你的经历大相径庭，思维模式也截然相反，确实很难有共同语言的情况下，就更应该去重复对方的观点，以表示你和他处于同一立场。

没有陌生人的世界

◎重要的不是现在，而是未来怎样

◎创造长期合作的机会

◎"自我暴露"，你和他就不会陌生

Part 4

Man keep（人脉经营）：
见过面就不是陌生人

陌生人"第一面定律"
（The first surface law）

★每个人都有"第一面"情结。你会终生记住初恋、第一任班主任、第一份工作，当然，还有一个人给你的"第一印象"。

★抓住第一次机会，将事情做到80%，你就能把握未来更多的机会，因为"第一面"决定了成败。

★在有限的时间内，搭建一座长期联系的桥梁，才能将关系建立得牢固，并将需求进行嫁接。

★一般而言，在大多数场合，"第一面"所能取得的效果，80%来自你的外在形象，只有20%出自你的内涵。

重要的不是现在，
而是未来怎样

●我们要重视关系的进展和未来的前景，而非现在怎么样。

●不要因为贪图一时的功利需求，就忽视那些潜在的、长远的机遇。

●记住葛洛庞蒂的名言："我不是在预测未来，而是在创造未来。"抓住初次见面的机会，创造未来的长期关系，这就是我们进行人脉经营的本质思路。

我们的潜意识一直在寻找对方

每个人都在寻找一个自己"梦寐以求很久的朋友"，或者是一种"渴望了很久"的关系。

每个人都盼望在自己的生命中出现一段轰轰烈烈的爱情、一个无比忠诚的挚友，并且为此不断地寻找，始终在心中给这样的角色预留位置。

比如一位令人尊重的客户、导师、榜样，一个让你愿意付出全部的恋人。当我们捕捉到对方的信息，在获得他的初步认同后，产生了敬佩、向往之情，希望和他（她）发展长期的关系。实际上，这就是我们在潜意识中一直在寻找对方，这个目标埋藏在内心深处已经有相当长时间了。因此当对方一旦出现在你的视野中，就会与你的潜意识一拍即合，擦出强烈的火花。

他（她）一出现，就对你产生了很强烈的吸引力。接下来，就是需要你展示自己魅力的时候了！

有时候，在你遇到他们之前——他们只是你生活中的配角，在你生活的周围游走，不被你注意，因为在你们之间，还没有制造出"关键接触"的机会。他们中的多数人一直游离于你的社会关系的边缘。

直到一个突如其来的机会，比如你收到或准备寄出一些贺卡时，想到了他们的名字，然后将自己的社会关系重新梳理一遍，你才意识到他们的存在。这时，他们可能只是一些你认为不很"重要"的人，地位与你的亲人或伴侣显然是无法相提并论的。

但在有些时候，给他们寄出节日的问候也许是一个不错的主意。雷顿主持的一项研究解释了其中的原因，并告诉我们开始这种萌芽关系，对于一个人未来的人脉状况至关重要。雷顿对于一组自愿的参与者进行了调查，向他们了解了在刚刚过去的那个节日里收到的每一张贺卡的情况：

"贺卡是谁寄来的？"

"你与这位（些）寄贺卡的人是什么关系？"

"收到贺卡对你意味着什么呢？"

"你愿意收到他们的贺卡吗？"

"你是否会回寄贺卡？"

雷顿还询问了这些人对于寄送贺卡这件事的习惯和态度。为了测量人们自我认识中的与其他人相关联的程度（数值），他请参与者用数字的等级来表示自己对于各种分析（答案）的符合程度。

他提供了许多答案和分析，比如：

①我感到自己是一个能一起参与活动和分享信念的群体中的一分子；

②我认为没有人关心我；

③我不太喜欢讨论和别人的关系，我认为这没有什么意义。

那些年纪较轻（小于四十岁）的人，选择了一种较为实用的答案，他们倾向于将自己的节日问候作为建立和保持联系的一种方式；年龄较大的人，则更愿意将节日问候看作与自己过去的联系，他们的确已到了回望一生并进行总结的时候，对于未来的人际关系发展并不怎么感兴趣。

不过，他们的共同点是：收到的贺卡越多，他们感到自己的社会嵌入程度也就越深，明显体验到自己在社会中的存在感——"哦，还有人记得我。"

人们并不只是收到来自亲朋好友的贺卡和问候。雷顿的小组分析了超过12400张贺卡，其中三分之二的贺卡都是与贺卡接收者的生活有着方方面面联系的人寄给他们的，而不是来自他们的亲人。这些"广泛联系者"包括：同事、老师、服务提供者、同学、过去认识的人，以及希望能与他们进一步交往的人，还有大量网络朋友。

无论是不是在节日期间，收到自己所爱或所关心的人寄来的贺卡都能消除一个人内心的孤独感，感到自己与那些家庭成员之外的人还有所关联。"有人关心我，珍惜我的存在，希望和我有联系，这挺好！"

假如你是一个人际关系悲观者，这些贺卡将给你一种不同的安全感，使你感到："虽然现在朋友很少，但我的未来是有希望的，我要重视接下来的生活。"

不要低估那些"边缘关系"的重要性，不要只去关注我们生活中那些"最主要的关系"，也就是你与伴侣、孩子、父母以及兄弟姐妹之间的关系——如果只有这些，你将失去明天，逐渐陷入视野狭窄的人际孤独之中。你的潜意识的寻找之旅将面临死亡，而你在家庭之外的世界里，慢慢地将会变得没有立足之地。

我见过许多将自己"锁"在家庭中不想出来的人。他们大多不注重形象，与人交往习惯于潦草应付。尽管他们中的一些人的确品质优秀，但给人留下的第一印象十分"恶劣"，时常让人觉得与他建立关系是一件没什么前途的事情，这就使得他们交朋友的成功率十分低。

我去拜访一名患有严重的父母依赖症的少年时，差点被他用床边的玩具车砸伤。他如此冲动的原因不过是我提了一个建议："能给自己'没有父母陪伴'的一天吗？让他们去上班或随便去做些什么，你留在家里上网跟同学聊天，或者去看场电影？"

听到我的建议后，这名叫作菲利浦的少年顿时情绪失控，就好像有人要夺走他的灵魂。菲利浦的父母啜泣着告诉我，他们的儿子刚刚度过了十五岁生日，至今从未在周末和假期单独跟同学相处过。

"他唯一愿意做的就是坐在沙发上看电视，而我们得坐在他的身边。一旦我们起身离开，他就十分紧张地询问原因。"

父亲补充说："就算去洗手间也是这样的。"

经过公司相关小组详细的了解和诊断后，我们发现菲利浦其实是相当渴望朋友的一个男孩。他对父母的强烈"留恋"，本质原因正是他太过于希望有人能陪他一起生活了。只不过，从小就缺乏交际环境和相关训练的菲利浦，只能在漫长的成长中，将这种渴望嫁接到父母的身上。

雷顿和公司的一位同事研究了二十年以来全美最有价值的、载于最核心的心理学和社会学期刊上的将近五千篇学术文章。他们发现，在关于人际关系研究的论文中，只有不到10%的文章涉及了亲朋好友以外的人，比如校友、邻居、社区神父和公司同事等。

这是过去的几十年内，全球普遍存在的一种压倒性的偏见。人们无比重视家庭关系，忽视了家庭之外关系的研究。我们成年人自己都无法在家庭之外的人际交往中做到及格，自然会对菲利浦这样的孩子造成影响。你可以想一想，社区外的干洗店的珍妮，超市的经营者鲁尼，你的上司、那个经常发脾气的提克·维尔，他们才是真正地充斥于我们生活中的人，同时决定了我们人际关系的质量和未来。

而且，他们的数目通常要比至亲好友的数目多出数倍乃至无限倍。我们的潜意识一直在默默地提示大脑：一定要找到他们、接近他们，而不是与他们保持距离。

在雷顿的小组向我提交的研究报告中：能够影响我们生活的一百位人物中，有82%都是重要的"陌生人"，而不是亲人。我曾亲身验证了这个观点，当我坐下来撰写自己的人脉名单时，列出二十七个人之后，就已经有超过一半的"点头之交"——他们以某种方式极大地影响着我的生活，而不是深度关系。这些"点头之交"中，包括我曾培训指导过的一位来自印度的经理人，还有在长江实业集团对我有提携之恩的那位部门主管——我们已长达五年没有联系，但他对我生活的影响还会持续很久。

当然，这些重要的关系中，还包括史密斯、雷顿这些今天仍然陪伴着我、与我一起携手面对明天的工作伙伴。

关系的发展和稳定

★发展阶段

"哦，你是谁呢？你叫什么名字？"

当双方在相遇的时候充沛地展示了自己的魅力，继而相互吸引之后，便会开始进行适当的交往，由此进入了关系发展阶段。随后的一段时间内，这段关系随时可能结束，也随时可能向更深的阶段发展，这完全取决于双方的表现。

因此，在一段关系的初期发展阶段，双方都应该尽力地约束自己，通过调整自己的个性和行为以适应对方，表现出好的一面去满足对方的需求，而不是更多地索求，满足自己的欲望。这就是为什么好的关系总是需要将眼光放在长远而非当下：重要的不是现在，而是未来！

如果双方的交往水平逐渐提高，他们的联系就会变得频繁。这时，双方都会通过某些行为来加深关系，比如定期聚会，赠送对方喜欢的东西，以及其他的一些行为，来显示自己的诚意，愿意与对方协调合作，把这段关系继续加深。这时，关系的发展阶段就面临突破了。

★稳定阶段

"我希望一直和你相处，你是一个有趣的人！"

当稳定地相处持续了一段时间之后，关系就得到了巩固，进入了稳定阶段。从这时开始，两个人（或多个人形成的集体）之间就建立起了一定的忠诚度，愿意信任对方，并产生不同程度的依赖。

实现关系的忠诚，才是我们人脉经营与管理的最终目的。你可以想一想，为什么有很多人，平时的人缘真的挺不错，朋友众多，饭局频繁，不管到哪儿都有他认识的人，但一旦面临困境、需要帮助时，却很少有人站出来对他施以援手呢？根本原因就在于他的交际层次仍然停留在吃吃喝喝和泛泛之交的阶段，没有建立关系的忠诚度。

我们每一个人都需要在自己的人脉层面实现稳定阶段，即：拥有一些各个领域的朋友和关系，他们或者是刚认识不久，或者是已经相处多年，不管他们来自哪里，都与自己有着密切的联系和稳定的联络。而且，他们和你之间有着不可分割的相互支持的动力和理由。

在你最需要的时候，他应该就在你的身边，或者是义不容辞地为你冲锋陷阵，或者是二话不说就为你忙前忙后。即便无法提供金钱支持，他也能默默地陪伴着你，一句鼓励的话语、一个同情的眼神、一份感同身受的心情，都是一种"稳定关系"的应有的体现。去拓展陌生人的人脉资源库，实现突破并与他们也拥有这样的关系，才是我们的人际经营目标。

"维护关系"的能力决定了前景

1. **"维护关系"首先取决于你对交往对象的实际了解**——这种了解不能来自对方的夸夸其谈和自我吹嘘。你要像对待贵宾那样，深入了解"人脉对象"的基本情况。

这些基本情况包括：他们的性格特点、事业现状和目标、家庭状况、收入状况、学历教育背景、兴趣爱好、价值观、工作生活习惯等各方面的细节，还有一些必要的只有你知道的"隐私"，以判断他不为人知的癖好。你最好在备忘录或者某个数据库中将这些情况记录下来，但这些记录不应被他们看到。

2. **你还要掌握"人脉对象"目前在生活和事业上有何急迫的或最理想的需求**：他们最看重的是什么？你能为他们做什么？哪怕只是提供一个建议，你也要详细了解这一类信息，并制订有效的应对之策。

3. **必须使自己具备下列意识**：即便对方的需求千差万别，也总有一些基本的需要是相同的，然后洞察并深刻地分析它们。

它们是被赞美、被尊重、被关心、被肯定、被同情、被理解、被帮助等各种人们都具备的情绪及需求。通过一些适当的行为，对方会感到你对他的重视和他对你的重要性，自然会产生一种满足感，随之也会产生对你的认同感和感谢之情。

为什么不进行长线投资呢？

我在香港工作时，跟李嘉诚的秘书有过一次对话。当时我工作了七个月，觉得自己很拼命，很努力，业绩也不错，但是贴心的朋友并不多。我付出了许多真诚，但多数人只看重短期的"友情收益"，所以大概他们觉得我只是一个小小的销售经理，在长江集团没有什么前途，便不屑于跟我交往。

这位秘书对我说："维文，你为何不学学农民的精神呢？我们在大都市中生存了这么久，各种知识都学到了，思维也很现代化，但就是没有回头看，看哪儿呢？去田野中看看农民的精神，学学农民的思维。"

然后那个月，我就抽出两天时间去了新界大埔的一个围村，观察农民是怎么生活和工作的。他们把一粒粒种子播撒在地里，很长时间也不会发出芽来。他们起早贪黑地给这块地松土、施肥、浇水、撒药、除草，耐心地照料，细心地呵护，几个月之后，到了秋季，迎来了丰厚的收获。

这是一个多么简单又质朴的道理！没有播种就没有收获，没有投入就更不会有回报。收获和回报往往不是在今天、不是在明天，也不是后天，而是许久之后的某一天——你根本无法精确预测这个日期，但你必须做好今天的事情，一分一毫也不能有差池！

哦，我终于明白了！原来我每天的付出都是有意义的，虽然昨天有七个人不理解，今天也有六个人不屑于我的诚意，但我种下的种子早晚会结出很好的"名声"，那就是我做人的本钱。越来越多的人会看到这些，当我再去结交人脉时，就会无往而不利了！

做人和做事，经营我们的人脉，这就是最大的道理：千万不要小看了今天你的一举一动，它们其实都是在为明天栽种！当你今天面对陌生的客户、之前毫无联系的群体时，切记：急功近利要不得，重在未来，而不是现在。

国内有一家工程公司的负责人，在外人看来他处事低调，为人厚道。对客户方的高级领导和关键人物，他从来不敢急慢，就是对客户方的一般人员，甚至是不相关的人，他也毕恭毕敬，总是那么和善与客气。

他经常与客户公司的一些年轻人打得火热，年轻人结婚他送礼送祝福，生了孩子他自然也给孩子包上红包。年轻人晋升了，他更是摆上宴席以示祝贺。明眼的人都知道，这位老板并非无的放矢，他眼前做的似乎是"亏本"的买卖，但日后肯定会得到加倍的回报。

事实也确是如此，在日益激烈的市场竞争中，很多施工企业等米下锅，吃了上顿没下顿，而他的公司工程不断，热火朝天，收入年年提高。这位负责人确实就像一个农民一样，辛勤地耕耘着人脉资源的沃土，很多原来籍籍无名的小字辈现在都站在了客户公司非常重要的位置上，凡是他想拿下的业务，基本上没有落空的，这自然也是情理之中的事。

这位企业的负责人显然是一位重在未来收获的人，不计较一时的付出，坚持人际关系领域的长线投资战略。他在经营人脉上的长远眼光，是值得每一个人思考和借鉴的。不管别人说什么，都咬定青山不放松，大胆地投资那些"潜力股"，逢低买入，一旦将来潜力得到释放，自然会让你赚得盆满钵满。

让自己具备一双识人的慧眼，看准真正的"英雄"，对他们雪中送炭，但别急于索取回报。当你的名声逐渐地得到了积累，日后等你有所需要时，他们必会对你倾力相报，那时才是你收获的时节。

创造长期合作的机会

有一个问题是："对人们来说，那些重要的商业性关系通常是怎样建立的呢？"不懂商业的外行人对此兴趣盎然，业内或许也有八成人士不得其门而入。其实，我很清楚持有这种疑问的人想知道什么，他们知道应该把握机会，但对于机会的把握方法充满了迷惑。

有一位来自某贸易公司的业务专员贝恩向我讲述了他的人际"遭遇"：

"我拥有一流的开拓客户的能力，人们只要跟我见过一面，就很喜欢我，'陌生人'？在我这里没有。但是，几年来我仍旧愁眉不展，因为我发现自己很难维持住一些固定的长期合作的客户，这让我的工作很累，不停地四处奔忙，在全美各地出差，也要到国外开拓市场。"

这表明，贝恩在一些基本的交际（生意）原则上出了点问题，他无法建立起别人对自己的长期信任，因此也就没有办法实现长期合作。所以，他总是能把握活生生的"现在"，却不断地失去更重要的"未来"！就像人们在生活中的那些人际偶遇一样，见过一面、相谈甚欢，然而第二天就互相忘记了，结交到的都是一些只能留在记忆里的"萍水相逢"。

如果你不想让自己总是在做一些"一锤子买卖"，期待创造长期关系而非短期人脉，就必须严格恪守一些人脉准则。这些准则，我们可以用四个英文字母来进行标记：R·I·S·K。它们分别代表了四种准则：

①互惠（Reciprocity）

②互赖（Interdependency）

③分享（Sharing）

④坚持（Keeping at it）

人脉第一准则：互惠

人际交往并不是让你百分之百地去表现自己的"爱"，或者只有"爱"就可以了，尽管我们必须拥有爱心。从本质上来说，人类有史至今，"人脉"的形成和目的，都是为了符合双方的持续需求而结成的一种协作关系。我们付出，就有收获；没有付出，也就没有收获。这是双向的要求，参与到人际交往中的每个人都必须有所付出，才能有所收获，也就是说，你愿意并能够达成"互惠"关系，才能产生互利结果。

当然，有些人脉关系建立在纯粹的友谊之上，是一种无实际索求的心灵交流，对此我们也不能排除。但更多的人脉交往，则是基于彼此的需要。即便是心灵层面的交流，难道其本质不也是一种内心精神抚慰的需要吗？

我们与朋友交往，是因为我们喜欢他们，可以交换情感，互相帮助。

我们与其他人来往，是因为他们有我们所需要的东西，反过来也成立。

同时，一个必须明确的重点是：如果你只与你喜欢的人做生意，那么你的公司早晚都会倒闭。因为你充满"感情化"地背离了互惠的准则，这不是一个合格的商人应该采用的关系原则。

陈先生是芝加哥一家华人餐厅的老板。他的餐厅是芝加哥发展最快的一家华人餐馆，经过六年的经营，现在已成为当地最具口碑的饮食胜地之一。

是他更具有做生意的天赋？是他在当地的华人社会有强硬的后台？朋友和

同行们在对他提出这个问题时，他总结说："通通不是。事实上，我并不比其他人厉害，我只是有最佳的人脉关系。在做餐饮前，我就很注意与餐饮业相关的人员打交道，等到我开始做餐饮时，这些人已经是我的好朋友了。在他们的帮助下，我才能很顺利地开展生意。此后的时间里，我继续扩大自己的交际圈，结交的朋友里，有捧场的、帮忙的，也有能够解决难题的，他们都给了我很大帮助，没有他们，我单枪匹马是不可能创下这份家业的。"

他说："即使是现在，我也仍和这些新朋旧友关系密切，我们互帮互助，相互提携，大家都很开心。事实上，我认为，从某个方面而言，这些人才是我最大的财富！"

在建立我们的人脉关系的过程中，"互惠"具体指的主要是一些现实利益的交换。你无法离开利益的捆绑，就算是小孩子的友情，也存在"交换糖块"的需求。因此在任何行业中，只要遵守互惠准则，就可以帮助你建立正面的人脉关系。

●我们可以帮助他人准备一些重要的事情，对方案提供建议，交换意见。对方需要你这样做，你也有此需求。

●记得正式而诚恳地感谢他人对你的帮助，即使他们的协助实质没有产生多大的助益，但是他们仍然尽力了，你必须表达你的心意，以免让人失望。

●当你帮助他人时，别指望（或要求）收到对方的感谢，让自己表现得没有功利目的：我想让自己对你有所帮助，这是我自愿的，也是我乐意的，我对你并无索求。

●当坏消息或坏情绪影响了你的朋友和同行时，及时为他们"打气"，而不是暗自幸灾乐祸。有一天，你也需要别人为你这么做。

●在别人眼里留下最深刻印象的事情是：帮助他做一些他很讨厌而且不想做的工作，让他减轻工作量，或从中解脱出来。

人脉第二准则：互赖

什么叫作互赖呢？我举一个例子。假如你在洛杉矶旅游，肚子饿了，想找个地方吃饭，在街边看到了一家服装店，就进去打听："您好，附近哪里有口味独特的华人餐馆呢？"然后，服装店的店主热情地告诉你："呀，就在市政中心对面，那里有一家特别好吃的广东餐馆。"他还给你指明了具体位置，告诉你应该注意的问题。

当你在这家餐馆用完餐，结账准备出门时，服务员热情地对你说："先生，谢谢您的光临，难得来这么一次，难道不想带一套衣服回去送给您的女朋友吗？从这里买回去的衣服意义不一样，您的女朋友一定会喜欢的。就在本店的不远处，有一家波菲服装设计中心，是本市最质优价廉的女装店，这是他们的名片。"

说完，她就递给你一张名片，名片上写着：波菲服装，位于洛杉矶市政中心东北角，热情期盼您的光临。

当然，你也许根本就不会去，因为你对这家服装店不感兴趣，你有着更高档次的服装商店为你专门服务。但我敢打赌，肯定会有其他人乐于接受这类推荐，他们一定会去光顾。而且你可能发现了，这正是推荐你来该餐馆吃饭的那家服装店。

这就是互赖原则，不同的商店之间互相分享顾客资源，他们组成了一条团结的市场链。不同的行业也需要在长期的相处中互相提供支援、互相依赖和互相需要。

我们走出家门出外旅游时，就很能说明这一点。我们到了外面，遇上和陌生人在一起的时候，就要达成某种关系：我需要你的关心，你可能需要我的照顾。对沿途的服务商来说，我需要你的服务，你又需要我的消费。这些都是一种相互需要的关系。互相需要，不管是功利的，还是心灵的沟通，都是成功的人际关系的基础。

你能离得开距你家一百米远的那家超市吗？不管老板换了多少人，你永远都去那里购物，置办生活必需品。而它赖以生存的客源，也在千千万万个你的身上。

人脉第三准则：分享

人们都懂得"分享"的美好意义，这是无须强调的。但是如何分享，经常令人为难。因为许多人并不知道应该分享什么，当然有时也难下决心，毕竟人性总是自私的。不过，你只要知道，分享是一种最好的建立人脉网的方式就可以了。这是分享的动力，因为你分享的越多，从别人那里得到的就越多。

①智慧和相关知识。
②人际资源。

以上是两种最值得分享也是人们普遍互相提供的资源，如果你愿意把你拥有的这些最好的资源拿出来，提供给他人，你将会从中得到莫大好处。

●如果你分享的东西对别人提供了帮助，人们会感谢你，并在你有需要时，向你提供你需要的东西。

●你展现了一种愿意付出的心态，同时体现了你正直和善良的品质，因此你将得到更多的朋友，并把彼此的人际关系圈紧密地联结在一起。

人脉第四准则：坚持

如果你发现了一些有益的事情，就必须坚持下去。你永远不知道你的人脉关系会在什么时候为你带来好处或利益，因为你不知道人们正在如何观察你，特别是那些可以决定你命运的重要关系。"坚持到底才能胜利"，这并非一句空话，假如你想与重要客户建立长期合作关系，他们一定会特别看重你在这方面的品质。

有位电器公司的销售经理对我说，他在工作初期，几乎每天都要在纽约的市区步行十几公里挨个儿门店推销产品，与不同行业的老板洽谈合作，就这样一天跑下来，大概要谈五十到六十家店铺。但是初期，他的收获很少。

他每天的包里就放三瓶水和公司的一些资料以及合作的方案。由于天气很热，他一周跑下来，脖子上出了一圈痱子，又疼又痒。他的脚上也磨出了许多水泡。在同事和朋友看来，这家伙应该快住院了，这么下去，非死掉不可。

不过，他丝毫不想退缩。有时候，一点进展也没有，他也丝毫没有灰心丧气。他不断地改进自己的方案，坚持不断地尝试，找到了一种符合自身语言习惯和客户心理的推销方案，逐渐成了一名优秀的推销员。在他工作的第六个月或第七个月，大量客户开始跟他达成长期合作，成为他的固定客源。

如果他不能坚持呢，他还会收获这些关系吗？答案是否定的。上面这些简单的原则，对我们来说都很重要，难道不是吗？有时你会发现，即便只是缺少了其中一种品质，也将极大地损害我们的人际形象。

"自我暴露"，
你和他就不会陌生

在一次论坛上，有位公关领域的专家对听众说："我们必须学会主动地分享，并向对方传达这个善意的信号，才能赢得人们广泛的信任。"

是的，人们当然都知道分享有多么宝贵，现实中人们已经很难做到分享，大多数人都在拼力地守护口袋，试图遮掩关于自己的一切，不肯让别人发现和拿走半分。所以，那些懂得分享的人经常在平庸大众中脱颖而出。懂得分享，这是毫无疑问的人际关系原则。但是，"分享什么"可能才是一个更加重要的命题，这涉及我们如何打开自己的门窗，在安全与舒适度之间找到最好的平衡点。

最容易令人理解的"分享"，除了金钱、机遇之外，就是关于我们自己的"隐私"。有时候，我们故意向他人透露和分享一些私密，能更快地赢得对方的好感。这会说明你"对他的信任"，比其他任何说辞起到的效果都更为有力。

心理学家奥泰尔早就发现，人际关系的好坏与自我暴露的程度有直接关系。所谓自我暴露指的是，我们可以在对方面前有意无意地展露出自己私人的和不为人知的一面。他们迫切地想知道你的一些事情时，你不妨适当地把它们拿出来："瞧，这是你日思夜想的东西。"

　　如果你想拥有好的人际关系，那么不妨学会聪明地进行自我暴露。你要知道，人际关系越好，双方对彼此的信任程度和接纳程度就越高，自我暴露得也就越多。可以说，自我暴露的广度和深度是人际关系深度的"探测器"。别人将自己的隐私对你暴露得越多，说明他接纳你的程度越深。

　　有一次，我结识了一位网友，来自马萨诸塞州的茱曼女士。开始几个月，我们总是聊些无关要紧的事情。突然有一天，她在MSN上主动对我说："我前年离婚了，你知道吗，单身妈妈照顾两个孩子，真是很艰难哪！"

　　我顿时就意识到，茱曼女士开始把我当成她的朋友，而不再是一个令人警惕的网友。她已决定更加信任我，因此才逐渐聊到她内心的负面记忆和她生活中遇到的痛苦。果然，一周后，茱曼女士就决定请我吃饭，并希望能够深入地探讨她在人际关系方面的不足，以便有所改善。在此之前的七天时间里，她向我"暴露"了自己的许多事情，包括前夫对她的虐待、债务危机，以及她的抑郁病史。

　　在华盛顿见面时，她说："我信任你，李先生。"

　　"能得到您的信任，我感到无比荣幸！"尽管我探得了一位女士的隐私，但我对此没有丝毫快感，而是十分感动，这是一种受到深度信任的荣幸之情。

　　请相信我，在与他人的交往中，你若也可交付某些私密之事，必将有所收获。

　　一般而言，人们自我暴露的程度由浅到深，大体可以划分为四个等级：

　　①饮食习惯、偏好等兴趣爱好方面的个人信息。
　　②个人态度方面的信息，比如对他人的看法、对时事的评价，等。
　　③自我概念、个人的人际关系状况等方面的信息，比如自己的真实情绪、与亲友的关系，等。
　　④个人隐私，比如性经验、离经叛道的想法或不愿为人所知的往事，等。

　　当然，每个人在他人面前的自我暴露程度都是有限的，即使非常亲密的关系，同样也不可能完全暴露自己。

综上所述，我们多年来经过了反复的问卷和访问证明，在适当的范围内，如果你能进行必要的自我暴露（当然要在安全可控的范围内），的确能够拉近双方的心理距离，增加双方对于彼此的容纳度和喜欢程度。最重要的是，这种行为能够真正地建成某种稳固的深度信任的关系，而不仅仅是"穿着盔甲"的提防性关系。

比如，女人与他人之间的良好关系的建立过程，大致都经历了类似下面的这种情况。

刚认识时，她们觉得话题只能流连于衣食住行的层次，彼此会谈论自己对服装、化妆品、食物的喜好。"今年流行什么服装呢？""你买房了吗？""我喜欢这个牌子的化妆品，但它的价格太贵了！""我比较中意日式寿司而不是韩式。"在愉快交流的同时，她们还有一颗高度防备之心，时刻在潜意识中提醒自己某些话题是交流的禁区。

如果彼此有着共同爱好，相谈甚欢，那么双方会成为点头之交。再见面时，彼此可能会交流一些着装、打扮、做菜的技巧，关系进一步加深，就进入了深层次交流的阶段。在下一次见面，她们可能会谈到让自己不开心的事情，从对方那里获得一些支持和安慰："工作太累了，我们老板是一个特别抠门儿的人！""收入让我不满意，想换份工作，但现在就业压力太大了。""我不想过早结婚，可是妈妈逼我去相亲，真是令人烦恼啊！"

随着交往的加深，彼此间的透明度就越来越高，分享和交流的等级也随之提升了。丈夫似乎有外遇这样的隐私也可以毫无保留地分享给对方。"老公和他的秘书关系不正常，姐妹，我该怎么盯梢才不被发现？""男人真不是好东西，他只想着上床，从不考虑我真正需要的是什么！"这些隐私暴露得越多，生活的透明度越高，她们之间的关系也就越来越亲密。

其他的各类关系当然也是如此，像同事、朋友和上下级之间。即使亲人之间的关系，比如夫妻、父母、兄弟姐妹，关系深浅的考量标准，也可以用分享隐私的多少来作为一个硬性指标。

社会心理学家也指出：良好的人际关系，就是在这种人们逐渐自我暴露和分享的过程中一步步建立起来的。你对于一个人越是认可、接受、信任，你在他面前暴露的自己就越多；同时，你也希望对方越来越多地暴露他自己。

简单地说，自我暴露的层次与彼此的信任度、交往程度之间存在相互促进的关系。但我要格外提醒各位的是，能够促进人际关系的自我暴露都是恰如其分的；任何不合时宜、不恰当的自我暴露只会给人际关系带来负面影响。

怎样把自我信息恰如其分地传递给他人而又达成合理的结果？我可以告诉你一些必要的技巧和心态。

1. 分享必须真实。

你要确保自己向对方传递的个人信息是真实的，如果有所欺瞒的话，势必会引起对方的反感。在当时或许可以取得一定的效果，但谎言早晚会被揭穿，因为这个世界上没有不透风的墙。随着时间流逝，你通过分享假信息得到的那些信任，通通都会转变为他人对自己的憎恶。

2. 注意自我暴露的相互性。

"相互性"就是对等性。也就是说，能够促进人际关系的自我暴露必然是双方程度相当的分享，假如信息重量，天平的两端应该是差不多等重的，至少能保持大体上的平衡，而不是向一边严重倾斜。如果你比对方暴露得太多，你说十句，他连一句都说不了，或者你暴露了十件事，他只讲了一件，则会给对方带来压力，从而使对方对你避而远之，造成十分尴尬的处境；如果你比对方暴露得过少，又会显得你缺少交往的诚意，会让对方感觉到危险，觉得你这个人不值得信任。

3. 最好遵循循序渐进的原则。

自我暴露和信息分享要遵循循序渐进的原则，不能太过突兀，也不可骤然暴露得太多。那些一次在对方面前暴露过多的人，会给人留下"不稳重"的印象，让对方对你产生不信任感，进而疏远你。他们会想："这家伙的嘴巴如此不严实，我还敢跟他说什么吗？保不齐哪天他就把我卖了！"如果能用温和的方式循序渐进，再结合第二个原则——对等分享，就可以避免对方产生这种心理，从而消除这些不利影响。

4. 任何信息的暴露都不可强求。

再次，你要注意，我们与他人的自我暴露是建立在"自愿"和"情势需要"的基础之上的，每个人都会有不愿意让任何人知道的信息，也就是所谓的隐私的禁区，每个人都有自己绝对不愿意暴露的领域。如果你因为与对方关系亲密就要求对方完全敞开心扉，任意地侵犯对方所不愿意暴露的领域，就会激发对方强烈的排斥情绪，从而导致对方降低对你的接纳程度。在对方的眼中，你就成了一个彻头彻尾的隐私窥视狂，他再也不会跟你透露任何私人消息。

5. 必须分清场合与对象。

最后，这种对于隐私的自我暴露，具有很强的针对性，不是在任何场合都能讲的，也不是对任何人都可以口无遮拦。比如，在恋人面前暴露自己过去的恋爱史，在职场上大范围地暴露自己的私生活或透露给上司的隐私，都是不恰当的。对此我们可以这样说，你不能对任何一种职场关系都主动袒露自己的私生活，否则你将陷入难以挽回的被动局面。

没有陌生人的世界

◎你有多少沟通工具？

◎超过一百万人参加的"没有陌生人"主题聚会

◎信息分类与寻找价值通道

◎朋友，你经常隐身吗？

Part **5**

发现网络时代的"人脉虫洞"

互联网"陌生人交际"准则

★明确你的目的，然后掌握主动权。

★你需要分辨哪些是"真实的信息"，并且守住自己的"信息底线"。比如，家庭地址和电话号码属于你的绝对隐私，不可随意泄露。

★出色地运用网络沟通工具，去既定的人群寻找你的对象，进行双向的有意义的沟通。

★网络关系的现实聚会将在交往很久以后再进行，而不是沟通的初期阶段。记住这个原则。只有真正地互相了解，才能产生实质的关系。

★对你的网络人际关系进行精确的辨别和分类，这是始终都要进行的工作。

你有多少沟通工具？

你也许可能并不知道一个数据：1997 年的时候，只有三分之一的美国人算得上一名严格意义上的网民。那时候距离今天只有十五年，但是人们的沟通方式已经发生了翻天覆地的巨变。

十五年前，我们平时只用信件或电话进行联络。然而现在，每个人可能拥有十种以上的方式可以联系到另一个人。

十五年前，人们对于网络人脉根本无从了解。但是今天，网络渠道已成为人际交往和沟通极为重要的方式，甚至有将传统交际方式一举取代的趋势。

奥莉是华盛顿州菲尔德中学的一名学生，在过生日这天，她从父母那里得到了一台笔记本电脑。这样，她就能接入学校新配置的局域网，登录校园信息论坛和同学们进行交流。虽然校方建议学生在学习和写论文时最好关闭电脑上的聊天软件，不要让它们影响注意力，但学生们将笔记本电脑首先作为联络工具来使用，他们对此早已轻车熟路。

我们的调查小组进入了这所学校，了解学生对于网络沟通工具的使用情况，并提出了一个问题："你更喜欢用哪一种工具？"奥莉开心地笑着对我说："这很显然是一道最为容易的选择题，我们给老师发电子邮件，与同学在论坛上互相联系。在MSN上，我们还能看到状态显示，能看到谁在线、谁不在线，但是手机短信就常常被忘记。"

她说："我回家后的第一件事，就是打开电脑查收邮件和MSN信息；这也是我到学校后做的第一件事，看看有没有人给我留言，或发来了电子邮件。但是，我的手机就没有这种待遇了，有时我会半天都不看它一眼，假如没有电话打来的话。"

有一幕场景，她至今记得相当清楚，永远都不会忘记。就是她刚学会上网的那天，看到整个显示器挤满了聊天对话框时，自己有多么开心。她第一次尝到了与陌生人聊天的滋味，他们都是来自同一所学校的学生。

她说："我还记得，当时我觉得和这些人聊天真是件不可思议的事情，其中大多数人我根本不认识。这深深地改变了我的生活，我结交了许多新朋友。现在，我的新朋友经常来我家做客，他们有的就是我的邻居，有的则来自其他城市，当然，他们大多数还是来自华盛顿。"

在另一个拜访案例中，二十二岁的凯伦说，她每天上班的第一件事，就是打开电脑收发电子邮件，包括公司的工作邮箱和私人邮箱，这已经成了她的一种日常习惯。与此同时，她早就告别了纸质信件，根本没有兴趣拿起笔写一封信，哪怕几十个字也懒得动手。

此外，她还拥有自己的通讯资源库的十八般武器：手机、电话、MSN、QQ、Skype……每天，她都和远在芝加哥的爸妈用电话联系，同时她的手机上可能随时会响起男友的"查岗"电话；她会用MSN和邮箱传递文件，并与远在德国的朋友即时聊天，发送摄影和新闻图片。不久前，她还迷上了书写博客，在网上和相识或者不相识的朋友进行亲密接触，组织现实的聚会，以加深信任和友情。

凯伦说："有问题，你就MSN我一下，我立刻会给你回复。"这仿佛已成为她的口头禅。

传统公关领域的佼佼者们现在已经集体成了互联网人脉交际的拥护者，包括我在内，每天都在使用大量的交际工具与各种关系保持联络，其中大多数是基于网络的。认识到互联网不可估量的潜在益处，是一项我们必须面对的工作。在网络时代，人与人之间变得更容易交流，只要你善于利用各种网络沟通工具，总能发现最适合你的沟通方式。

派利是电子科技自由发展的提倡者，同时他还是"Grateful Dead"乐队的作词家。他是一个写歌的人，当我访问他时，他将互联网比作一种"穿越时空的火鸟"，以超过光速无数倍的速度在宇宙中穿行，这与我们的主题不谋而合。

他说："在网络时代，你会发现人们自愿地分享他们的想法和资源，以平等、尊重的态度对待彼此，对待同一个快乐的数字世界中的全体成员。但在现实中，这一切是那么困难！"

尽管网络沟通工具是如此便捷，但现实中人们的应用情况并不容乐观。我们进行了一次包括互联网在内的沟通工具的调查，包括商人、中产阶级、政治家、行政职员、公务员、学生和家庭主妇。得出的结论让我感到吃惊，因为多数人都拥有至少五种沟通工具，但真正经常使用的不足两种。

人们深陷在互联网的世界，但并没有享受到多少实际的好处。

"我用智能手机，90%的时间用来玩游戏，比如'愤怒的小鸟'。至于MSN、QQ和脸书，我虽有兴趣，偶尔也用，但它们是次要的。"

"我上网主要是观看影视剧，别的暂时没有精力。"

"我听说过微博，但我不怎么上。"

或者干脆是极端否定的："我认为互联网是有害的，网上的朋友不值得相信，所以还是远离为妙！我还会让自己的孩子保持警惕，最好别在网上交友，也不要用网络沟通工具进行交际，谁知道电脑的那一端坐着什么怪物呢？对方若非善类，居心叵测，我们对看不见的情况该如何防范？"

还有很多诸如此类的回答。当然，你也许会对这个结论非常不同意，你能举出许多例子，比如："我每天都上网，和朋友聊天，看新闻，甚至召开商业会议，怎能说我没有享受到互联网的价值呢？"

那么我问你："当拥有网络之后，你的人际关系改善了吗？是和从前一样，还是发生了巨大变化？"

他顿时沉默了，因为他发现了一个让他一直不敢面对并难以接受的事实：

拥有互联网以后，人们的人际关系反而变得更差。比以前更孤独，真正的朋友更少，与同事和上司的接触也没有发生明显好转。

不善于最大化地利用新兴的沟通工具，这就是大部分人的弱点。互联网作为全球化时代的标志性产物，它不仅改变了人类对于信息的传播和处理方式，而且也正在构建新的人际交流方式。人们通过互联网这种即时互动的通信技术，可以在虚拟的网络上多方位地进行交流。这种交流既有以单纯通信为目的的电子邮件，也有拥有相对固定的成员，分享信息、观点和服务的"虚拟社区"，比如论坛、博客、脸书等，更有MSN、QQ等一系列即时双向的沟通工具。

关键是，我们怎样合理地使用这些工具？或者说，我们需要怎样的沟通工具，才能最大限度地改变自己的现实生活？

不仅仅是聊天：现实情境的交换体验

网络沟通仅仅是"聊天"吗？

假如你在利用网络沟通工具时的动机只是简单的说话和问询，打发无聊时光，就完全低估和忽视了手中可用工具的价值。

在MSN或QQ上，人们经常会有如下的对话：

A：你在干吗？

B：我在上网，你呢？

A：我在看电影。

这背后的意义是什么呢？我们将聊天当作一种生活状态的展示：你和我现在正做什么？不但是一个事件，而且是一个稳定的状态，交换简单的信息来对比自己与别人所做的不同之事，满足心理的需求。

这只是一种简单的线上生活，或者说是对网络生活的一种了解，与现实情境无关。就本质而言，对于我们人际关系的改善和加深，这样的方式并没有太大作用。

　　但是，如果你将聊天的内容变换一下，或者动机调整一下，答案就会完全不同了：

　　A：嘿，你在干吗？

　　B：我正准备联系一些朋友去打球，你呢？

　　A：啊，我正想去跑步，真是一个好主意，我能参加吗？

　　B：可以啊，欢迎，我们在体育场西门碰面吧。

　　当一切都指向现实生活，聊天与交流就真正变成了对于现实情境的交换体验，而且提供了一种现实交际的机会。聊天不只是互相交换生活状态的信息，而且让人们的具体活动也融合起来。这样，对沟通工具的使用，就能达到最佳效果，使它作为"能力设备"，发挥出绝佳的情景交互能力，给简单的信息分享功能赋予了"实时+实景"互动，并起到了促进现实交际的作用。

　　及时和丰富的内容分享

　　运用工具实时聊天，必须可以及时分享丰富的内容。比如图片的分享，我们每天都会跟亲密的好友互相发送许多有趣的图片。与传统意义上的聊天不同，现在图片分享的内容与动机都有较大改变：拍摄生活照片发送给好友，互相分享美食地点、好看的衣服（购买地址）和对于它们的评价。

　　对于这些内容，如果下一个定义，我们会发现，它能够大大地促进现实生活的改变，丰富现实中的生活。如果你只是运用MSN和QQ进行传统意义上的聊天，或者进入聊天室与陌生人互动，就决然达不到这种效果。

　　我想，这才是互联网和现实的沟通工具能够带来的正面意义。这些沟通工具的能力延伸，分享范畴的扩大化，以及它的互动本质，带给了我们一个新的交际机会：我们不是在为了交换信息而交换，也不是纯粹地为了打发自己的寂寞，应对孤独的时光，而是使得"现实互动"植入我们生活的每一个角落，即使一个人在家时，也像融入整个朋友圈子里一样。

超过一百万人参加的
"没有陌生人"主题聚会

　　一直以来，我们有一个重要活动，在它从开始举办到现在的几年间，已经有超过几百万人参加，他们来自世界各地。"在这里没有陌生人。"这是我们的活动主页上的宣传语和唯一的口号。

　　它就是"没有陌生人"主题聚会，专为喜欢沟通和希望扩大交际面的任何一个人举办。我们不设置报名条件，也不收取一分钱费用，只要你渴望，你行动，就能真正实现与陌生人面对面的交流，而且它是绝对安全的。我们提供了一个稳定的和氛围合适的场所，并努力将线上的交流在线下的实际生活中加以扩大。

　　从USL公司成立的那天起，我们就致力于让每个人都成为亲密无间的朋友，分享资源、交换信息，更重要的是进行有效沟通并理解彼此的心声。因此，在这个盛大的活动中，它的每一个环节和细节，都是为了实现这个目的而努力。

　　我们的"没有陌生人"主题聚会遍布全球五百座城市，每年参与的公司都超过一千家。他们是各国知名的公关公司、培训组织、来自诸多行业的名企，以及一些大学和公益机构。我们曾经在国内的十所大学征集了一百名学生，来到洛杉矶参加由USL公司举办的大规模的"没有陌生人"主题聚会。

　　值得一提的是，活动的整个召集过程，全部通过网络进行。这显示了互联网在打破"陌生人社会"方面的巨大威力。

★在世界上没有陌生人，只有还不曾认识的朋友。

如果你是那种经常参加各种宴会和交际派对的人，那么你一定明白，想要在这样的主题聚会中交到更多的朋友，一定需要许多成熟和到位的技巧。你会在这里遇到许多人，已相识很久的，或者根本不认识的陌生人，或许还有来自不同行业的高端人士。

你必须懂得聪明地创造话题，比如如何从一个话题过渡到另一个话题，引导出良好的交流气氛；你还要懂得怎样在网上联系他们——当聚会结束以后，这表明你得与他们交换手机号、MSN和电子邮箱。

洛城的二十一岁女孩米修说："我在浏览同城交际网的时候发现了主题聚会的广告，然后迅速地递送了自己的申请。我非常兴奋，这是我渴望已久的事情。对我而言，最重要的不是拿到了入场券，而是怎样和如此之多的陌生人进行交流。您知道吗，来到会场的前十分钟内，我竟然一句话没讲，不知道该说什么好。是的！后来我想，嘿，干吗不尝试讲点什么呢？随便说点什么都行。于是，我坐到了一张四人桌旁，那里有三个来自不同城市的同龄人，当他们用期待的眼神望着我时，我想，啊，是不是该讲述一下我曾经做过的事情或者想过的事情呢？比如帮着父母设计花园、计划旅行什么的。总之，我不要因为片刻的沉默而慌慌张张，毕竟，和他们的这场谈话不是体育竞赛，我没有必要像跑步一样拼命地直冲终点，也不需要考虑得分带来的压力。"

米修成功的表现让她看起来就像一个出色的"演讲家"，她给人留下了活泼可爱和乐观开朗的印象。后来在我们对她进行回访时，她得意地说："活动过去一个月了，我当天记下了三十九个人的联系方式，现在他们都成了我的网友。我们每天都在网上交流，还相约下个秋季组团去夏威夷旅游。"

有一年的主题聚会上，有一个来自韩国的男孩和一个印度女孩结成了好友。他们本来生活在不同的世界，绝对不会相互联系，也不知道对方的生活状态。但在这之后，他们成了彼此生活中最好的朋友，极大地改变了对方和自己的生活。因为不久之后，他们就结伴去新加坡旅游，并成了一对恋人。

2010年的主题聚会上，二十三岁的中国女孩吴眉认识了华盛顿州立大学的教授耶勒尔。两个人成了一对忘年交。在耶勒尔的帮助下，吴眉在美国卖出了自己的第一幅画，把全部的收入寄回家，支付了母亲的医疗费。这仅仅是一个开始，两个月后，吴眉成为华盛顿州立大学下属的一个艺术研究机构的成员。而在今年的六月份，当我们联系她时，她已经是一家设计公司的高级总监。

耶勒尔说："她是一个始终积极进取但在过去的生命中运气不佳的孩子。当我在主题聚会中看见她时，我的第一个感觉就是，呀，她看上去足足有三十岁了，皮肤似乎没有做过任何保养，脸色看上去很憔悴，她带着仓皇的表情独自坐在桌旁，稍微低着头，双手把玩着盛满白开水的杯子，不敢抬头直视别人。我想，她会有着怎样的过去？她一定缺少朋友，但她的确是一个内心丰富和充满斗志的姑娘。"

这个不怎么成功但令人"同情"的第一印象，深深打动了耶勒尔。他主动走了过去，坐在她的侧面，慢慢地与她沟通，以一种和善与可以让她接受的方式，最终打开了与吴眉沟通的大门。吴眉无疑是幸运的。但是，假如她没有向我们的活动邮箱投递申请呢？又或者她没有在聚会上展示自己真实的一面呢？

如果在类似的聚会上，坐在你身边的是一个或许多陌生人，也许你应该暂时放下紧张的心情，首先学学如何跟他们交谈，并且尽可能将自己原生态的一面展示出来。

★你最好先介绍一下自己，然后进行下一步的谈话，或者提出一个问题。

如果对方已经告诉你一些关于他的消息，你可以说："听说您的公司在上周成功地拿下了一桩大生意，真的很值得祝贺啊。"

如果你对他一点都不了解，可以说："您是住在拉斯维加斯还是一名来这儿游玩的游客呢？"这样你们的谈话就能展开了。

需要注意的是，在这期间，你一定要给他充足的发言机会，然后再就他提出的某些话题和争议部分阐述你的观点，或者开始深入地讨论。

★向他征求建议或者讨论某些问题，可以迅速使交流进入高潮，起到立竿见影的效果。

比如，对于一个自由职业者或某家报社的体育记者，你可以问他："先生，我想买一部高配置的电脑，在家工作，您有什么好的推荐吗？"如果没有反应，你可以向他询问一些其他方面的问题，比如政治、体育、股市、时尚和当地新闻方面的——特别是他比较擅长的话题，但不要就那些常引起争论的话题进行谈论。

值得警惕的是，我们需要避免在讨论观点时掺杂带有个人偏见的冷嘲热讽或者激烈的反对语气。切入的角度和时机对于交流的结果也起着至关重要的作用。角度切入得好，沟通就会很成功；切入得不好，可能就无法取得预期的效果。

★注意留下联络方式，在未来的时间里多多进行网络的后续沟通。

会谈时的第一印象虽然比较重要，但是一个人的内在品质并不能完全地展现出来，这就需要进行后续的交流才能加以判断。因此，如果对方愿意把他的MSN或电子邮箱给你，这表明他希望进一步对你进行了解，你给他留下的印象基本是合格的。

要想在一场聚会中得到广泛的认同，你就必须在注意这些原则的基础上，表现出你的亲和力以及与他人的共同点。当然最重要的是，一个聪明的交际者，不管在现实聚会中还是在网络上，都可以恰到好处地适应别人的情感需求，并加以满足。

信息分类与寻找价值通道

如何运用海量的信息

网络可以提供大量信息，但如何分辨和利用是最关键的。你可以在互联网上成为忠实的影视剧迷，只关心最新播出的各种新剧，而对互联网的其他功能视而不见；你也能让互联网成为你的新闻平台，每天定时搜索各国的新闻。

商机在这里也是无限的，但更重要的是怎样分析和融入这个世界，并使得自己擅长"操控"和抓住人心：在互联网的世界寻找客户和笼络消费者，建立强大的市场人脉，是那些高级人脉经营家的拿手好戏。

美国的MeCox公司在从事了几年的邮购业务后，在20世纪末针对互联网的发展势头，非常迅速地推出了网上购物服务。他们首先安排人员充分地利用网络的特点，将公司网站所有访客的信息，包括他们的年龄、性别、购买方式和喜好等均收集和储存起来。

今天，MeCox公司凭借上千万网上消费者组成的庞大数据库，掌握了这些消费者在消费行为方面大量的可靠数据，创造了日均百万美元的收入。

这一可喜利润的产生，得益于他们对于互联网信息的掌握和利用。通过网络上的信息汇总，他们充分地研究了消费者的喜好，并对消费者的消费趋势做出正确判断。他们精通于如何判断"潜在的消费群体"。当然，掌握信息是一回事，利用信息则是另一回事。

例如，当经营分析记录和消费者情报显示，有部分客户至少有二十个月没有上网购物时，尽管你可能确实很想挽回这些客户，但不清楚具体该怎样做。因为你很难找到恰当的方式去进行沟通。虽然，你可能拥有这些客户的基本信息，也会经常发送与他们往期购买记录相关的宣传资料。

在我们的一次调查中，我发现大量的中国公司并不珍惜这样的信息汇总机会。随着中国网民规模不断扩大，像MeCox公司这样收集信息将越来越容易。可是，鲜有公司知道怎样利用这些信息，拓展潜在的消费群，以及用来公关自己的客户人脉。

我们在信息利用上当然应该大有可为，遗憾的是，今天能够这样做的人并不太多。

利用信息，在一堵墙上开一个小孔

必须分析我们的"人脉情报"，再去规划方向，寻找契合点，这是建立关系的第一个步骤，也是最为必要的一个前提。就像在一堵墙上开一个小孔，让彼此可以看到对方，传达友好信息，引起共鸣，触动互需。通过互联网，你可以很好地做到这一点。

我曾经决定用一个笨方法，为俄亥俄州的一位商人打通州议会的关系。虽然费了一些力气，杀死了不少脑细胞——因为我熬了几个晚上，但效果是巨大的。我准备了"漫长"的时间，没有规律地吃饭、休息，抽了整整两盒烟，通过互联网搜集了议员们近几年来几乎所有的资料，圈定了一个五十人的初步范围，又在第二次的筛选中确定了十个人供我做最后的选择。

在敲定公关对象时，我确定了两个人，他们分别是沃克和梅斯勒，前者拥有一家小型农场，后者则是俄亥俄州一家农用机械生产商的总裁。我发现他们之间存在着共赢的商机，或许可以先谈成一笔生意，通过纯商业上的合作，打下未来深入协作的基础。

史密斯说："这真是一个美妙的办法！"事实是最终我们取得了成功，只是根据互联网上公开的信息，将它们组合，寻找可利用的机会，抓住那些关键的信息点，最后完成了一次成果显著的公关。

在中国，我知道人们的网友非常多，中国可能是唯一人们拥有的网友数目多于现实朋友的亚太国家。在中国，通过网络媒体参与社交的情况极为普遍，大众化程度非其他国家可比。人们在网上玩游戏、下载歌曲、看电影、购物，在各种社交网站聊天、互动，等。

在中国最大的三十个城市中，人们平均有七成的闲暇时间花在网络上，就算在一些二级城市，甚至于某些并不怎么发达的小城镇，这个数字也达到了五成到六成。

同时我也了解到，中国的消费者对于信息调查这件事越发在行。我们的研究表明，42%的中国人在查看其他网友的评价之前不会轻易地购买某件产品（从大件的商品到普通的食物），该比例比前几年增加了一倍多。中国人也比其他国家的网民更乐于在网上发布个人的信息，他们喜欢发表个人观点，留下联络方式（QQ和手机号码），也愿意或经常在博客中讲述自己的故事，并定期发帖。

可惜的是，到目前为止，中国的企业和人脉交际者在互联网上只有最基本的信息使用能力。这是未来我们急切需要融入和利用的趋势：深度挖掘信息的价值。互联网上海量的信息，如何才能将它们整合处理并最大限度地利用起来？

换言之，我们可能都需要问自己一句："我已经在现实中做得很好了，但是，掌握世上最丰富的信息能为我带来什么附加价值呢？"

朋友，你经常隐身吗？

在上海居住的时期，我尝试运用一些国内的聊天工具。经过一段时间后，我发现一个奇特的现象：通讯录中的几乎每一个人都在线，但是他们都不约而同地选择了隐身：自己能看到别人，别人却看不到自己。

随着时间的流逝，使用这些聊天工具越来越久以后，自动地选择隐身的人越来越多，不管他们拥有几个QQ号码还是MSN账号，他们通通选择了躲在屏幕背后，不让别人发现。于是在很多时候，他们的网络沟通工具就变成了一种可有可无的摆设，可怜巴巴地待在电脑屏幕的最下角，和它的主人一起，慢慢地沉寂下来。

这其实是一种非常不好的现象。隐身者表明的心态，更像是一个游离在庞大未知世界之外的"幽灵"：我只想看到你，但你休想发现我。不希望被人发现，却同时又渴望探知到他人的状态，在这种潜意识的驱使下，人们把自己变成了一个只保持窥视孔的"乌龟"，深深地躲藏在"龟壳"里面，回避他人的主动问候，不敢面对别人的"注目"。

有位北京的三十二岁的IT职员对我说："我有一个习惯，当我打开QQ以后，发现好友的头像在不停闪动，有十几个人给我留了言。但是，我不想立刻打开消息，我会让他们在那里一直地闪动，然后去做别的事情。或许要过半个小时，我才满怀纠结的心情，挨个儿地去看他们的留言。"

我问他："您这是出于一种什么心态呢？"

他充满困惑地回答："不清楚，但我强烈地感受到自己不想看到有人给我留言，害怕看到别人联系我。所以，就算我在线时，也经常设置为'离开'或'忙碌'状态。明明那时我是空闲的，也很想找人聊聊天，可就是不希望有人通过QQ联系我。"

与这位IT精英有类似想法的人还有许多。我在国内用两周的时间做了一项问卷调查，以邮件调查的方式向一千名白领发送了一份关于网络聊天的问卷。在收到的反馈中我发现，63%的人都有这样的心态，他们不希望自己被发现，也不想收到聊友的消息。

有个女孩在邮件中解释："可能我很烦恼，工作多，压力大，没有精力聊天。很奇怪，有时我十分渴望交流，却也会对好友的问候无动于衷，选择退出一些重要的群组，或干脆关掉QQ和MSN。"

你有社交回避症吗？

我认为，从本质上而言，这是人们集体罹患的"社交回避症"的体现。

我们发现，在网络时代，拥有更多沟通工具的人们对于社交这件事反而充满了更多的困惑和畏惧。现实中的"陌生人"不是减少了，而是以更快的速度增多了。

在上海为一家公司举办员工交际培训时，有一位叫作许晨的女孩参加了活动，然后给我写了一封邮件，在信中她说：

李先生您好，我今年二十三岁，大学毕业两年了。在过去的成长过程中，我结交过一些挺好的朋友，但是由于每段时间的社交圈子都不同，并且联系也不多，导致和过去的朋友之间或多或少会有一些隔阂。大学毕业后，我们都从各自念大学的城市回到了家乡来，又相聚在了一起。朋友和同学们会经常邀约我参加聚会什么的，但是我特别不想参加，不知道为什么。

对于这些朋友，我是没有任何成见的，但就是会有一种强烈的不想要见面的感觉。并且不只这些老朋友不想见面，即使是现阶段的同事和朋友，在下班后会有一些集体活动的邀请，我一般也都是拒绝。而且，我还很不喜欢和相同的朋友连续几天见面，如果见面的时间相隔比较长的话，感觉还要好点。由于我经常拒绝大家，导致我现在和朋友的关系越来越远，真的很苦恼。请老师指点，这种情况应该怎么办。谢谢!

我对于许晨的心理问题很是同情，但我明确地告诉她："你没有任何心理疾病，而是源于你对社交的恐惧。你不想让自己受到伤害，或许是在过去经历了许多，厌倦了某种交际的方式，因此潜意识中就生发了一种回避机制，使你不想面对这些烦琐的人际交往。"

这并非自卑，而是因社交恐惧而产生的焦虑和回避的症状。越来越多的人感到自己对人际交往有恐惧心理，他们在别人面前感觉特别不自在，在人际交往时紧张不安，有很大的心理障碍。他们在网上会选择隐身，若有人邀请他们参加聚会，会立刻拒绝。而且，其中的少数人还患有较为严重的社交焦虑症，以至于无法正常地生活和工作，就连婚姻也可能会出现不可预测的问题。

摆脱焦虑的捆绑

1. 不热爱工作的人，通常会对自己的人际关系感到焦虑。
2. 缺乏沟通和判断力的人，陷入人际焦虑的可能性更大。

在对上万例患有人际焦虑症的患者的访问和培训调查中，我们总结出了这两个极为常见的现象。每个人都有某种程度的人际恐慌，因为几乎没有人始终对工作充满热爱，并愿意每天跟形形色色的"熟人"和"陌生人"打交道。即使是比尔·盖茨这样曾经的世界富豪，天生就像为了成功和生活在光环下而诞生，也经常希望自己 "安静" 一些，以免见到太多的人。巴菲特为了躲开繁杂的人际关系，宁愿在一年中有八个月都待在小镇上而不是华尔街。

很长一段时间里，我也曾对与 "陌生人" 无休止的交际活动感到厌倦和焦躁不安。在长达两周的时间内，我不想见任何人，就连史密斯和雷顿也不例外。我离开公司，远离华盛顿，在夏威夷待了十几天。每当助理将工作情报电邮过来并电话通知我时，我就会没好气地说一声："知道了！"

那时候，我的脑海里频繁地重复一个问题："这样的日子何时结束？" 不过，经过适当的调节，我终于走出了这样的 "人际梦魇"，没有让焦虑成为长期无法摆脱的心理恶习。

那么，既然焦虑是如此普遍地存在，我们如何才能摆脱焦虑的捆绑？

首先要学会接受现实和鼓励自己，这是消除自我封闭心理的首要条件。你应当乐于接受真实的自己，然后再去克服孤独感，并开放自我。

其次，我们既要了解他人，又要采取一定的办法，让他人来了解自己，比如不再 "隐身"，开放性地与别人进行交流，无话不谈，不需要顾及那些无关痛痒的小事——比如，对方会不会发现自己的某些隐私？只有这样，你才能在工作和社会交往中确认自己的价值，成为一个乐观和善于沟通的人。

没有陌生人的世界

◎ "我属于一条价值链！"

◎关系圈的辐射效应

◎有些关系并不是那么功利

Part 6

从一个固定的圈子开始

圈子在陌生人社会的作用

★一个既定的圈子是陌生人社会中某些既定人群的归宿，加入其中，你就能找到同道中人，并且拥有一个交流和互动的平台。

★频繁的交流、私下聚会以及集体活动，是圈子的表面特征。互相提供资源才是圈子的最终价值。

★圈子的交流使资源得以传递和交换，人们在这里互相帮助，建立同盟，这就是关系网的基础。每一张强大的关系网都是由一个或数个息息相关的圈子组成的，他们可以是不同的行业，但通过某些关键的联系人，将利益悄无声息地捆绑在一起。

★圈子同时也是你扩张自己的人脉圈的优秀渠道。你的价值在这里得以体现，人际关系也在这个平台上得到拓展。

★当你准备建立或扩张自己的圈子时，你必须从身边的"熟人"入手，才能顺利地向周围的"陌生人社会"进军。在此过程中，你必须警惕任何功利思维，并且耐心地等待时间和机遇。

"我属于一条价值链！"

你在哪个圈子？

无论你在哪一个行业，对于大多数人来说，情况都是这样的，人们都有自己的社交圈子和其他可以穿梭于其中的人际关系网。通过朋友和他们的关系把自己串联进去，从而构成了一条人际价值链。

即：人们对我有所需要，而我对他们亦有所求，我们能互相提供各自的价值，满足彼此的要求，从而共同构成一张保护网。在这张网中，大家都能感觉到安全和舒适，并有一种本能的对于圈外之人的排斥性。

人们通常这样想："我已经进来了，这是我的地盘，是我们这一伙人的地方，而你——陌生人，离远点！"如果你对一个圈子持有此类心态，说明你已经有了一个固定的圈子，并产生了守卫者的意识——尽管这是错误的。

"社交圈"的词语概念，最早是由著名社会学家盖奥尔格·西美尔在20世纪20年代中期开始使用的。他用"社交圈"这个词来形容弱势的个体如何应对强势的大众社会，特别是在人们连自己的邻居都不一定认识或者也不指望别人认识自己的大城市里，应该怎样定位和保护自己。

1. 圈子在本质上是松散的联盟，以个人的自由选择为基础，而不是以地理位置为基本条件。

2. 圈子实际上没有任何界限，这与那些正式的和非正式的团体并不一样。

3. 在一个圈子中，人们之间的关系是靠相似的兴趣或者追求来维系的。在这里，人们更勇于追求自己的目标，并感到强有力的支持，因为自己身边聚满了同道中人。

4. 每个人都不止一个圈子，因为人们通常不只拥有一个兴趣，所以会与不同的人和圈子产生广泛的"联系"。

人际圈的最重要意义就在于联系，它通过兴趣、价值观和利益需求，将可以互相帮助的人聚拢到一起，从而产生强大的互助力量。当人们遇到麻烦时，他所在的圈子可以为他提供支持、声援以及宝贵的经验参考。

在一次培训课程上，我给了参与者一幅画有靶心的图："你"在靶心中央。这是一次自己的关系圈的展示过程。

然后，我请参与者在最靠近靶心的圆圈上写上"你觉得与你关系非常密切，以至于你很难想象如果没有他们生活将会怎样的一个或几个人的名字"，再在外面的一道圆圈上写上"可能你觉得与你不像前面那些人关系那样密切，但他们对你也是非常重要的人的名字"，最后在第三道圆圈写上"你还没有提到，但与你的关系足够近，在你的生活中也足够重要，因而你需要把他们写入你的个人社交网络中的人的名字"。

这是我们的人际关系圈中的三种价值区分，你会通过这个展示发现自己拥有多少最重要的关系、多少次重要的关系以及多少边缘重要的人脉。

有一位参与者在写完之后，痛苦地告诉我："啊，我这才发现，原来我一文不值，我只有两三个还不错的朋友，即便如此，我也犹豫了好久才敢写上他们的名字。"

许多人都有这种感受。当他们来参加这个测试和展示时，平时自诩朋友遍天下的优越感顿时就消失得无影无踪，因为他们不敢确定："我把那个人当成密友，但我在他心里又算什么呢？"

圈子的划分就是一场扛旗站队的"圈地运动"，每个人都要找到一个固定的圈子才能发展其他的圈子。而且，在这个圈子当中，要想有一席之地，必须有自己不可替代的价值。就像食物链一样，能够占到其中一个独特的、不可或缺的环节。

根据行业定向寻找自己的圈子

小秦在大学毕业后进了一家公司做物流工作。这是公司新设的部门，只有一年时间，他就做到了物流主管。但他进入这个行业的时间越长，接触得越多，他就越发现自己不懂的很多，而且很多问题在公司内部也没人能给出答案。同时，他在外面认识的同行也很有限，想问都不知道找谁。

有一次，小秦在网上偶然进入了一个物流业的论坛。他像发现了新大陆一样兴奋，原来这里聚集着众多物流精英。他很快注册了会员，有时间就泡在上面，结识了天南海北的同行，很多问题都能在这里找到答案，或者是得到好的建议，也交到了众多朋友。

首先你要看一看自己从属于哪一个行业，在时间紧、还不具备一定人脉资源的时候，去网上寻找相关的圈子是一个不错的捷径。国内外网上的各种专业论坛非常多，而且加入的过程也方便容易，比起上门推销一件商品，在网上找到自己同道中人的难度显然降低了不止一个等级。许多行业论坛就是一个个虚拟的圈子，既是同行发表见解的地方，也是他们寻找自己的人脉的地方。

更重要的是，这里还潜藏着不少业界精英，如果利用好了，你必定受益匪浅。另外，你还可以通过加入行业协会来组建自己的同行俱乐部，与那些精英人士打成一片，在定期聚会中增进友谊、寻找帮助。通过这样的方式，你就建立了自己的圈子的起点。

为自己创建独特的价值圈

杰尼逊从1999年开始在威斯康星的一家科技公司做人力资源工作。前不久，他参加了一个绩效管理方面的培训。杰尼逊发觉，他以前掌握的许多理论方法在自己的实际工作中用处并不大，有问题还不如请教已经实施过绩效管理的朋友和同事。于是，他把组织者做的参训人员的通讯录要了来，准备随时和大家交流。

回到公司，杰尼逊把一个在培训课上没搞清楚的问题写成邮件，群发给了大家。没想到得到的反馈很好，他的一位大学同学、如今在某公司做HR的朋友在回信中这样写道："我组织HR部门的同事对该问题进行了分析和研究，我们的回答是……"

杰尼逊顿时觉得，真是太好了，一定要坚持这种交流，而且参与的人越多越好。于是，他一旦有机会参加培训或其他活动就把参与人员的通讯录要来，输入自己的通讯簿里，有问题就发给大家讨论。当别人有问题时，也会通过他发给大家。就这样，一个圈子慢慢形成。很多从事HR的同学和朋友都说找到组织了。

为了提升他们这个圈子的凝聚力，大家还为这个交际平台取了一个名字：HR BAR。现在HR BAR的核心成员有三百多名，加上普通成员有两千多人。杰尼逊说，HR BAR会定期举办培训，交流、分享是他们的目的。

创建一个属于自己的价值圈，并不像有些人想象的那样难，关键看你是否有强烈的通过圈子结识朋友、共享信息、分享经验的愿望，愿不愿意多付出一些。虽然创建圈子相对来说要付出得多一些，但是你付出的越多，得到的也就越多。

如果我们能够为自己的人脉现状和未来做一次细致的分析，就会发现，除了无法弥补的裂痕，比如离婚、出国（到非洲或某些偏远地方），我们的核心社交圈一般来说都是比较稳定的。如果我们更换了一个变化较大的工作，或者遇到了其他重大的生活变动，常常就会和不少原来认识的人失去联系。

　　上述所讲的问题当然是一个影响因素，但是，更不易为人察觉的是，我们自己的意愿往往真正决定了社交圈的质量。是否能拥有一个高质量的人脉圈，其实一切都取决于你自己。

关系圈的辐射效应

　　以自己的圈子为一个零起点，通过广泛的社交活动，会激发自己关系圈向外的强力辐射效应。生活中，那些重要的陌生人给我们提供的是更为广泛的桥梁性联结，他们通过某一个"熟人"与自己联系起来，可能他们和你的关系没有那么密切，但是，这种联系会拓宽你的视野，是更为广泛的桥梁性联结。因为他们是与其他群体连接在一起的，是另外一个圈子的组成部分。

　　在长时间的调查中，我们观察到，即使是在那些内部关系密集的城市部落中，即便有一些圈子的防卫性很强，总是将门窗紧闭，也总会有一些外来的关系围绕在它们的外面，保持着固定的对外联系，并不断地将新人吸收进去。

　　圈子的这种作用，使得信息和想法的交流成为一种可能。而如果这个群体没有与外界的联系，则根本无法做到。也就是说，我们的最佳选择，是为自己建立一个内部联络密集型的小团体，并组成一种松散的社交网络，这使你能感觉到归属于某一个群体的安全感，同时又让你具有游走在不同社交圈之间的灵活性，可以无穷无尽地拓展自己的未来人脉。

★让旧圈子生出新圈子

　　陈是国内某家财经媒体的主编，在这里已经工作了多年，他们自然拥有一个专属的财经记者人脉圈，而且他在圈里知名度比较高。在所有人的印象中，陈是一个主意多的热心人。于是，陈经常被电视台相关节目请去做策划。时间长了，在节目策划圈也有了名气，成了电视策划圈的成员。

但他认为，仅有这两个圈子还不够，作为主编，还有一个领域会对工作有帮助，那就是出版圈。陈和出版圈并不熟悉，他分析了自己的优势：熟悉财经领域，能出相关选题；拥有媒体资源，能为图书做市场推广。

于是，他通过朋友介绍，主动结识了出版圈的知名人士，并利用自己的优势与他们合作：参与策划图书选题，通过各种途径为图书做推广，还时常写个书评、推荐短文，等等。他在出版圈有了不错的口碑，渐渐地，找他合作的出版社越来越多，他认识的出版圈朋友也越来越多。现在，一些书商有书要出版时，都少不了会找他出出主意。

利用现有的圈子生出新的圈子，实际上就是将手中的资源价值扩大化，去发展新的关系网，为生活和事业寻找更高的方向，让自己"更上一层楼"。

这很有必要，也符合人们对于生活的期待。但是，你在这样做时，必须冷静地分析一下自己的优势，看看自己的哪些优势能为新的圈子带来价值，而不是随心所欲地盲目行动。只有理智对待，拥有自知之明，你才能有的放矢，让那些新的圈子真正地接纳你，而不仅是简单地利用你，然后把你排除在外。

★圈子的维护和保养

定期联系是你维护圈子质量的必要工作。身在一个圈子之内，就像农夫拥有了一块土地，假如不去除草和维护，时间长了，就成了一块荒地。如何维护和保养，我们已在其他章节中有所提及，在此只强调一点：联络的质量决定了你个人对于圈子的重要性。如果只是单纯的通话、吃饭或聚会，而不能提供一些创意性的联络，圈子慢慢地就名存实亡了。

★多去积极地参加活动

一个圈子存在的价值就在于它可以让大家自由地沟通和交流，所以圈子或多或少都会组织一些活动，作为人们进行交流的平台。如果你总是孤独地游离在外面，不参加圈子组织的这些活动，那么显示出的就是你对圈子的不重视。

人们会觉得："哦，他不想和我们在一块儿。""这真是一个高傲的家伙，他瞧不起我们！"

长此以往，那么大家就会渐渐地不能容纳你了。而积极地参加圈子活动，不但能让大家认识你，还能让人们真正地了解你。在了解的过程中，加深彼此的友谊。如果你的一些观点得到了他们的认可，乃至于建立了你在圈子里的权威，对你会更加有利。

★为圈子提供有效的服务

每一个圈子都需要一些人来组织，充当带头人以及尽一些必要的义务，否则圈子就会死掉，那些不是很正式的圈子也遵循同样的道理。记住，要多为你的圈子付出与服务，比如，承担起组织某一次活动的任务，或者出一些钱，承担一些会费。这样，你的名字才会被人们牢牢记住。

★将自己的圈子乘以100，就是你的可用人脉

有限的小世界联系着无限大的世界。你和任何一个陌生人之间所间隔的人不会超过六个，也就是说，最多通过六个人，你就能够认识任何一个陌生人。这就是六度人脉理论，也叫小世界理论。六度人脉理论表达了这样一个重要的概念：

在任何两位素不相识的人之间，通过一定的联系方式，总能产生必然的联系或关系。而且，联系方式和联系能力的不同，会使个人实现自己期望的机遇产生明显差别。

它的核心思想其实是一种聚合效应。人在社会和商业领域中有无数种排列

组合的方式，如果没有信息手段将有用的人聚合在一起，能量就很容易损耗掉。这就是为什么拥有同样的圈子，有的人只能手握这些纸面的人脉，有的人则将获得乘以100的实际人脉效应。

擅长拓展人脉的人，可以通过自己的圈子和熟人，产生"六度分隔"那样的力量聚合，创造出一个可信任的网络，这其中的人脉能量是无可估量的。

有些关系并不是那么功利

如果一个女人发现凡是接近她的男人，只是为了要跟她上床，那么她绝对会百分之百地对这个男人产生厌恶和抗拒的感觉，然后她会远远地躲开，唯恐避之不及。

这就是人性的本质。尽管每个人都有着功利的需求，但往往会拒绝接受以功利为唯一目的的关系。同理，假如你发现一个人跟你交往，纯粹只是为了利用你，再也没有其他成分，你也会自然而然地产生一种"我可不能被他欺骗"的想法，然后尽力避开这样的人，选择退回到一个安全的角落。

这也是人际交往中一种不可不说的特性：我们绝对不是为了扩张关系网而去扩张关系网，也不是为了立足于一个圈子（获取他们的帮助）而去讨好别人。技巧的关键是与别人做朋友，进行心灵交流，或者提供情感需要——这才是人际关系的真正基础。

那些关系的成功者之所以能得到他人的信任和敬慕，就在于他们首先能够展示出自己的友善之心，把这种心态扩展到每一个人的身上。他们的人际交往圈自然就会变得宽广，朋友也会越来越多，这绝对是功利主义的苦心经营和金钱无法换来的。

学会了做人，再去做事

销售员去参加培训的时候，不管在什么样的培训课上，都会听到一模一样的一句话："请学会和每一个客户交朋友。"每个培训老师都会告诉你，做生意其实就是一个与客户、消费者交朋友的过程。

当你的潜在客户变成了你的朋友之后，他就会购买你的产品。也就是说，你要先让对方认可和尊重你的人格，然后再推荐你的产品。假若他觉得你是一个骗子，只想赚他的钱，那么对不起，你被拒绝的概率将高达90%。对方不喜欢、不认可你的人品，就算你的产品质量再好，价格再优，他恐怕也不会多看一眼。

所有的事情都是这样的，要达到你的目的，必须经过一个过程。而不是事情刚开始，你就直奔结果。

我们曾做过一次社区调查，问题是：您最讨厌哪一类推销员呢？

通过对全美二十座城市的社区居民的问卷调查，答案是：人们最讨厌那些说得口沫横飞、天花乱坠的销售员。对于这类人，消费者在心理上最为排斥，也最不喜欢。而这些推销员也往往是费的功夫最多，但是收获的最少。他们是第三流的业务员，卖的只是产品，眼睛发光，只盯着客户兜里的支票，毫无深入沟通的意识。

这个世界上，第一流的推销员卖的是一种观念，同时也是自己的品牌，也就是"可信度"。我这个人怎么样？而不是我的产品如何。所以才会有一句被人们广泛接受的励志之语：要成功，先做人；学会了做人，再去做事。

让自己学会去与别人沟通感情，而不仅仅是进行利益的交换。如果你只是非常功利地与人交往，什么也不管不顾，只求达到自己的目的，而丝毫不顾及对方的心理感受，那么最后你只会获得无穷无尽的失望。

原因是，别人即便没有你聪明，也并不会比你愚蠢多少。没有一个人会让自己像一个环保袋一样，无数次地被"你这样的骗子"循环利用。

远离那些"趋利避害"的人

在同学会上，有人问另一位同学："嘿，保罗，你怎么这么长时间没与大家联系？"保罗轻笑一声，毫不隐讳地说："与你们这帮家伙联系有什么用？你们能帮我办成什么事呢？"一帮人听了这样的回答，顿时说不出话来。

不久前，我听说某公司的一位部门主管，将自己每天要联系的人物名单列成图表，上面详细写着要找谁、达到什么目的……做成了一张"升迁路线图"，压在办公桌的玻璃板下面。在这方面，他有计划、有步骤、只争朝夕地有的放矢，结果终于如愿以偿，与公司总裁攀上了关系，不久就爬上了高位。

这样的人非常可怕，是我们绝对要远离的。因为他们跟你做朋友，只是要利用你，对你绝无任何提携帮助之意。

没有陌生人的世界

◎定期刷新和管理我们的关系

◎"朋友的朋友"效应

◎如何达成跨界的合作

◎将不同的圈子连为一体

Part 7

提升圈子的方法

圈子在陌生人社会的作用

★身边人法则：你的亲人、同事、上级或客户，他们是你最优先的选择，通过身边人去带动更多的人脉关系加入你的圈子。

★互需原理：制造"互相需要"，再实现"互相满足"，这条真理颠扑不破。

★定期交流：每周或每月都有固定的交流、聚会时间，缺乏当面交流和共同活动的人脉关系，早晚都会在你的生活中淡化乃至消失。

★中介人定律：为自己寻找一个"跳板"，那些介于两个圈子之间的重要的联络人，好好地与他们结交，他们拥有打开另一个圈子大门的钥匙。

定期刷新和管理我们的关系

有一个问题是，在我们的生活中，"与谁联系"和"我是谁"同等重要。这一管理人脉的视角，决定了你能否合理和有效地将自己的圈子稳固下来，并步步为营地进行拓展。管理旧的关系，刷新那些刚加入的人脉关系。

每个人的人脉都是一张非常庞大的网，随着我们人际关系的不断拓展，它总是在不断地集合着、交错着、扩充着。究竟谁会是你下一个重要的关系呢？通常这是无法预料的。你必须通过不断的整合、分类和梳理，才能控制和编织好这张巨大的资源之网，并让它发挥出最大的作用。

除了拿出大量精力去拓展新的人际关系之外，我们必须定期地整理自己的人际网络，并且最好让这种好习惯固定下来。

早在十几年前，我就学会了如何管理自己的人脉网。我的电子通讯录简直就是一张行业人脉覆盖图。在这上面，我把所有认识的人的联系方式做了详细的记录，按行业、性别等不同组合进行归类，并在这些人所在行业下面的栏目内标明详细的关系情况，比如他们是我的男性同学、女性同学、中学或大学的同学、普通朋友、重要朋友、客户、合作伙伴，以及我的事业导师，等。无论随便输入哪一个关键词，都能快速地找到他们的位置，调出他们的联系方式。

我也会定期地对这张人脉图做一次全面的梳理，不断地丰富人脉图中的内容。因为我不可能和每个人都保持很密切的联系，也难以每天都联系到他们。这就需要根据各个朋友的情况，制订出不同等级的联系频率。

具体的联系办法也有很多种，比如打电话、寄明信片、电邮、短信和MSN联络，等。我们还在脸书进行交流。有许多联络工具，都可以成为保持和他们关系"温度"的有效方式。当然在不同的节日——这是问候的时刻，我会对不同的人群发出合适的短信问候，以加深彼此印象，还能通过这个机会敲定下次的见面时间，以及沟通一些重要的事情，比如约定某些合作意向，交流某些行业信息，彼此提供商机。

★整理名片的习惯

除了要坚持打电话外，你还要成为一个善用名片的细心人。用收到的名片进行人脉管理，的确不失为一个妙招。有些人不愿意把名片弄得乱七八糟的，那么你可以借助电子记事本或者笔记本，给每个人都建一个信息栏，把每次交流得到的信息整理起来，包括他们的单位名称、职位、私人信息（比如家庭情况），甚至是每次见面的谈话内容，等。然后就在这个表里，把每次得到的信息都填入对应的信息栏里，做到一目了然和心中有数。

★巧妙地使用"二八原理"

在经营管理领域中有一个很著名的"二八"理论，即我们80%的效益通常来自20%的事情。二八原理告诉我们，要抓住那些决定事物命运和本质的关键的少数事物。

在经营人脉资源时，原理也是如此。也许，对你一生的前途命运起重大影响和决定作用的，也就是那么几个重要人物，甚至只是一个人。所以，我们不能平均地使用自己的时间、精力和资源，必须区别对待，否则容易造成时间的浪费。我们必须对影响或可能影响自己前途和命运的20%的人特别对待，必须在他们身上花费80%的时间、精力和资源。这就要求你要分清哪些是重要关系，哪些则是次要人脉。

★细心的呵护与定期的交流

人脉网络和圈子资源需要我们进行细心的管理和交流。你应该将人脉资源经营管理，纳入你的长期和短期的职业规划之中，逐步养成好的经营人脉的习惯。对此，你可以根据不同层次的人脉资源进行分类，确定相应的联系、拜访、聚会的频次，以保持双方关系的温度。

定期的交流可以分为两种方式：

1. 节日的温馨问候：在常规的节假日或者对方有着特殊意义的日子，比如他的生日、某个纪念日，你不妨打一个问候的电话或发一条祝福的短信，给他寄上一张精致的贺卡，或者发一封电子邮件送上你的祝福。

2. 定期的交流聚会：一些铁杆的关系需要见面交流，每月几次或每周一次的频率，对于重要关系来说并不过分。吃饭、打高尔夫球或参加其他俱乐部，都可以成为你们定期聚会的方式。

"朋友的朋友" 效应

　　许多人在自己的生活中一定都会碰到类似下面的情况，有一天，你问身边的一个朋友："我最近想买一台电脑，可是我不太懂要买什么品牌的，市面上电脑的种类那么多，真不知要从何下手？"对方听了以后马上回答说："呀，我正好有一个朋友是做电脑销售的，他对各种电脑品牌很熟悉，要不要我帮你介绍认识一下？也许可以给你一些建议。"

　　听，解决问题的机会来了！你的烦恼瞬间就化为乌有。你高兴地回答："啊，那真是太好了，这样我就不用担心买不到合适的电脑了。"

　　这就是"朋友的朋友"效应！如果你足够细心，就会发现周遭的朋友有一些是自己的同学或者同事，有些则是直接通过朋友的介绍而变成"朋友"的人。如此一来，你通过他们不断地介绍，将原本的"陌生人"纳入你的圈子，你认识的人越来越多，圈子也就愈加庞大，最终形成了一张四通八达、无所不能的高质量的人脉网络。

　　人人都有自己的朋友，他们是我们非常亲近的人，就像女人的闺密、男人的哥们儿。这种性质的关系往往是我们这一辈子最重要的人，同时也是更大范围的关系的"起点"。我们经常都会因为朋友而认识更多的关系，他们是"朋友的朋友"，从而成功地跳进另一个关系圈。就像攀岩一样，抓住一块突出的石头，让自己攀上一个更高的立足点。我曾多次在培训中总结这个理论，它可以简单地称为"攀爬理论"：无论是真的爬树，还是攀登关系树，我们都需要这些至关重要的节点，抓住它们，使自己更上一层，最后到达树的顶端。

有一位华人赵先生，是我在新加坡认识的朋友，他是一家造纸公司的老板，我们的深厚友谊已有六年。有一次，我去新加坡帮助一家公司进行政界人脉的公关活动。当我到达的第二天，还没做好出发的准备，却意外得知一个让我震惊的消息，一个很重要的政界关系，也是我这次项目中的关键人物陈主管，突然从单位离职了。具体原因是多方面的，但结果是我们之前都没有想到的，这完全是一次不可控的意外。

就在我失望之余，赵先生突然打来电话，约我去吃晚饭。我当时的心情很差，于是就找了一个理由婉拒。但他坚持让我一定抽出时间赴约，说："维文，你来了就知道了，我有一位朋友介绍你认识。"

结果，对方是新加坡政府的一位官员。而且，正好是接替陈主管、负责原单位工作的政府官员。他与赵先生竟然是十几年的至交好友，只不过我一直不知道。

有一项重要的调查显示，有57%的男性通过朋友的介绍认识了生命中的另一半。他们本来是单身一族，但出于某位朋友的邀请，去酒吧喝酒，或去别的地方购物、吃饭，认识了朋友的"同学"或者"同事"，与对方擦出火花，最终成为恋人。

因此，假如你现在对一个人怀有好感的话，不要犹豫，赶紧和他建立关系。哪怕他当前没有什么功利的价值——但是他的前后，站着一个人际圈子。通过他，你能收获更多的关系。许多人都是在失业以后才认识到朋友的重要，因为他们只能依靠不停地投递简历来获得工作机会，没有人为他介绍——平时他们忽略了积累重要的工作人脉关系。

实际上，每个人都有一个属于自己的圈子，这里面有着你的商业伙伴和良师益友，他们可以帮你带来更多的机会。但是，你必须在动用这些关系之前就和他们搞好关系，才能在有需要时问心无愧地向他们请求帮助。

如何达成跨界的合作

　　以我多年公关领域的经验来看，关系的实质就是人们都在寻求社会资源——包括至亲好友、同事和没那么密切的人之间的信息共享，并达成某些重要的价值交换。就像我们所见到的那些优秀的管理者所做的一样，他们运用人脉，去突破任何可能阻碍事业发展的事情，从而使工作事半功倍，扩大人脉法则的效力。

　　他们经营人脉关系时，模糊了原本由地点、兴趣、年龄、阶层所设置的界限。在他们的核心社交圈里，有自己的副手、助理、其他的高层管理人员，以及范围更广的重要陌生人。他会与所有的人保持联系，了解他们如何生活，听取他们的想法和热情，达成跨界合作，从而使不同的圈子完美地融合在一起，使自己成为一名出色的资源利用者。

　　通用电气公司最受尊敬的前CEO杰克·韦尔奇无疑就是这一领域的杰出代表，他开创了跨界合作的管理先例，充分地容纳了不同的关系和资源：一家有效运转的公司从根本上讲是"不设边界"的，因为这家公司会把目前所有事实上并不属于公司但与公司有关系的人都考虑进去，比如客户、供应商，甚至其他公司的人，而且还将这些人视为公司的一部分。

　　这就意味着，我们将所有与自己有关联的人都构筑在了平等交换信息的关系圈之内。

我的人际圈子管理，在协作方面有三个特点：

①不设边界地交换信息；

②首先充当中间人角色；

③避免单枪匹马地面对问题。

在我的公司，凡工作领域，同事之间没有秘密，不同的部门之间也完全是透明的，每个人都可以轻松地获知必要的其他部门的信息，并得到整个团队和其他部门的全力援助。这个原则，是我和史密斯在设立USL公司之初就确定的。

如果你想在自己的生活中践行这样的原则，首要之举在于什么呢？当你的朋友来请求你为他糟糕的股票投资策略出谋划策时，即使你不是这方面的专业人士，也不要急于开口拒绝，先想一想："我有什么股票领域的朋友？"

将不同的圈子连为一体

你不但要有自己的"圈子"，还必须把不同的人际圈连成一体。练就这样的本领，就能使自己成为一个出色的人脉中转站，然后从中受益无穷。

我有时会思考，为什么有的人能够成功而有的人不行呢？当我初到美国，为富人们忙前忙后，跟着他们到高尔夫球场，在背后看着他们谈笑风生时，我目睹了他们相互合作的全过程。

他们不断地通过协商交流、交换资源、达成妥协，产生一个又一个巧妙的生意，然后为此投入时间和金钱，完美配合并保证生意的成功。同时，他们利用彼此的关系和资源，确保了自己的下一代能够得到最好的教育。他们就这样互相提供机会，垄断资源，并将穷人挡在门外。

在那几年中，我在不停地奔波和提供服务的过程中，亲眼见证了一个成功至理：关系带来新的成功，并让富人结成联盟。

雇用我的公关公司提供服务的这些富人，有一个如影随形而又强大有力的隐形"俱乐部"，那就是他们与朋友和生意伙伴的无比强大的关系网！我从中更加意识到，有些人之所以处处碰壁，做不成事情，其实并不仅仅是因为缺钱，事实的本质是，他们往往没有办法跟那些可以帮助他成功的人达成任何有效的联系。

很显然，这已经成为一条亘古不变的规则。那就是，一个人如果因为合适的原因认识了合适的人，并且能最大限度地利用这种关系，那么他就成为这个隐形"俱乐部"的一员。不管他以前是杂货店服务员，还是其他一点都不起眼的小角色。

无论你的基础条件如何——当然，你的目标，你是否聪明、是否有天赋、从哪儿来、家庭条件怎么样，这些因素也非常重要，但是并非决定性因素。如果你不能意识到一件事："我们不可能只待在一个固定的圈子里，也不可能一个人到达目的地。实际上，我们自己根本走不了多远，假如不求助于圈子，并联络其他圈子的话。"

建立一张范围广阔的关系网，是使我们成为各自领域的领跑者最可靠的方法之一。而且，我们要从这个"圈子"再跳到另外的"圈子"，并把这些不同的平台联系在一起，让它们兼容并互通资源和机会，财富便会向着我们滚滚而来。

在这个过程中，每个人都需要遵守圈子的互利原则，这既包括物质方面的，也包括精神方面的。人们既需要交换情感需求，也需要实现功利的目标。现实中的人际交往，其实更像是这两种层次的复合体，我们很难说哪一种关系是纯粹情感的，或是纯粹功利的。

我对你的忠告是：不要忽视任何一种需求，你能满足这些需求，你就能在不同的圈子之间立足，成为他们共同需要和看重的人。

要知道，大多数人实际上采取的策略是："我既要感情，也要功利。"我们在生活中常常见到有人抱怨朋友缺乏友情，甚至不讲交情。其实说穿了，抱怨的一方往往是由于自己的某种需求没有得到满足，而这种需求往往也是非常功利的。

因此，我们不必一味追求所谓的"没有任何功利色彩的友情"，也不必轻率地抱怨别人没有"友情"。你只需要坦率地承认：互利，是圈子形成交集的一个基本原则，也是把人们联系在一起的必要条件。缺乏这个条件，就什么都做不成，你只能拥有一些短暂的、昙花一现的关系。你必须注意需求的平衡和利益的均等，才能在人际交往中以较大的优势获胜，跑在最前面，成为领跑者。

没有陌生人的世界

◎如何"做好自己"才是更重要的问题

◎"我像水融入大海一样对待每个人！"

◎与冷漠绝缘

Part 8

自我提升，增加"人脉虫洞能量源"

价值自我提升法则

★增加你的核心竞争力，突出特长并且形成局面优势，为自己打造出"品牌价值"。

★熟悉并改善你的性格，尽量回避弱点，增强你在他人眼中的正面形象。

★提升心性，让自己变得淡定和从容。

★追随自己的信仰，设立目标并执着地追求。

★确立自信，然后快乐地工作和交际。

★最重要的是，你必须珍惜机会，把握机遇，获得一个施展个人能力的平台。

如何 "做好自己"
才是更重要的问题

你了解自己的使命吗?

对我们来说，"使命"可划分为两部分。第一部分是虚幻和理想的目标，比如："我想成为一个正直和守信的人。"我们可以做许多事情来实现这一目标，哪怕终生都是一个小人物，在朋友、亲人和邻居面前，通过每一个细节来展现这种品质。

另一部分则是世俗和事业的目标。比如，你想成为一名CEO或者参议员，在这家公司上升到自己的职业顶峰，或者赚到更多的钱，交到更多有价值的朋友。

这些目标越具体，我们就越容易制订策略去实现它。当然，这些策略的一部分，就是与那些可以帮助你实现目标的人建立关系。我们的人际关系就像一个圆，圆内是已经划进圈子的人脉，圆的外面则是无限的陌生人群体。我们为了实现自己的使命，就得尽可能扩大这个圆的面积，去拓展外面的关系。

在我四十年的人生中，我所遇到的每一个成功的人，从某种程度上，他们都热衷于首先明确自己的使命，然后为自己制订一些具体和可以列出明细步骤的目标。这时我们就会发现，其实他的成功是水到渠成的，因为他的每一步都制订得很合理，又有着充足的时间和能力来完成。像那些成功的运动员、CEO、有着超凡魅力的领导、呼风唤雨的销售人员以及成功的经理，都知道自己想要什么，并勇于去追逐自己的目标。

当目标确定以后，我们才能在提升自我的行动中做到胸有成竹。

意大利是一个盛产画家的地方。从前，有一位意大利写实派的画家叫甲，甲画的一幅名为《丰收》的油画引起了轰动，画面上是一位老农抓着一把丰收的麦穗。这幅画很有艺术水准，画得非常逼真，得到了大家的一致好评。

这时，一位叫乙的年轻画家慕名而来。当看到这幅画时，他很不屑地说："这种画我也能画出来，而且画得比他还要逼真。"可大家都不以为然。

于是，乙回去后照着甲的那幅画重新画了一幅。

画好之后，他又来到甲的家门外，他还特地请来了一位德高望重的老画师。他要求甲把自己的画拿出来，让老画师来评判究竟谁画得好，谁才是真正的好画家。甲笑了笑，把画拿了出来。

是，在花园里，两幅画被摆在了一起，等待着老画师的评判。就在画师准备上前欣赏的时候，花园的树上突然落下一群麻雀，它们居然飞到了乙的画板前，争相用嘴啄画中的麦穗，却没有一只鸟靠近甲的画作。

所有的人都震惊了，就连乙都禁不住地得意扬扬。飞鸟都来啄他画中的麦穗，哪里还需要画师来评判呢？这不等于宣布他画得比甲好吗？

这时候，乙满脸得意地问甲："你看到了吧，你觉得是你画得好还是我画得好呢？"

甲含笑不答，转身走开了。

乙又转过脸问老画师："先生，您可以给出一个公正的评判了吧？"

老画师笑着说："当然是甲画得好啊！"

乙愣住了，很吃惊地问："您难道没有看到眼前的一切吗？连飞鸟都选择吃我画中的麦穗呢！"

老画师说："我都看到了。诚然，你画的麦穗非常逼真，但是你别忘记了，那束麦穗是在一位农夫手里的，连稻草人都怕的麻雀敢去抢农夫手里的麦穗吃吗？年轻人，麻雀之所以选择你的画，是因为你画得还不够逼真。而在甲近乎完美的画里，人和麦穗一样都很逼真，所以没有一只飞鸟敢靠近。"

乙听完老画师的话，顿时目瞪口呆，他再看了看甲的画，惭愧地低下了头。

老画师意味深长地对他说："年轻人，如果你要成为一位伟大的画家，一定要有开阔的胸怀和视野，千万不能盯着像手里一把小小的麦穗一样的成就而自命不凡。你只有拥有谦虚的态度、远大的理想以及宽广的胸怀，才能画出伟大的作品，取得伟大的成就。做人和做事都是如此。"

消除自己错误的心理状态

★自负

只关心个人的需要，强调自己的感受，在人际交往中表现为目中无人。与同伴相聚，不高兴时会不分场合地乱发脾气，高兴时则海阔天空、手舞足蹈地讲个痛快，全然不考虑别人的情绪和别人的态度。另外，在对待自己与他人的关系上，常常过高地估计了彼此的亲密度，讲一些不该讲的话。这种过于亲昵的行为，反而会使人出于心理防范而与之疏远。

★忌妒

忌妒者总是用望远镜观察一切，在望远镜中，小物体变大，矮个子变成巨人，疑点变成事实。忌妒是对与自己有联系的、而强过自己的人的一种不服、不悦，伴随着失落、仇视，甚至带有某种破坏性的危险情感，是通过把自己与他人进行对比，而产生的一种消极心态。当看到与自己有某种联系的人取得了比自己更好的地位或成绩，便产生一种忌恨心理；当对方面临或陷入灾难时，就隔岸观火，幸灾乐祸；甚至借助造谣、中伤、刁难等手段贬低他人，安慰自己。正如黑格尔所说："有忌妒心的人自己不能完成伟大事业，便尽量去低估他人的伟大，贬低他人的伟大性，使之与他本人相齐。

★多疑

这是人际交往中一种很不好的心理品质，可以说是友谊之树的蛀虫。这种心情是迷惑人的，又是会乱人心智的。它能使你陷入迷惘，混淆敌友，从而破坏个人的事业。具有多疑心理的人，往往先在主观上设定他人对自己不满，然后在生活中寻找证据。带着这样的心理，必然把无中生有的事实强加于人，甚至把别人的善意曲解为恶意。这是一种狭隘的、片面的、缺乏根据的一种盲目想象。

★自卑

美国心理学家的研究表明，一个人的儿童时期，如果因为各项活动取得成绩而得到老师、家长及同伴的认可、支持和赞许，便会增强他的自信心和求知欲，内心会获得快乐和满足，并养成一种勤奋好学的良好习惯。反之，则会产生一种受挫感和自卑感。个体的自卑感主要是社会环境长期影响的结果。

自卑的浅层感受是感觉别人看不起自己，而深层的理解是自己看不起自己，即缺乏自信。

★干涉

心理学研究发现，人人都需要一个不受侵犯的生活空间；同样，人人也需要有一个自我的心理空间。再亲密的朋友，也有个人的内心隐秘，有一个不愿向他人袒露的内心世界。有的人在与人相处中，偏偏喜欢打听、传播他人的私事。这种人热衷于探听别人的情况，并不一定有什么实际目的，仅仅是以刺探到别人隐私而沾沾自喜的低层次的心理满足罢了。

★羞怯

羞怯心理是绝大多数人都会有的一种心理。具有这种心理的人，往往在交际场所或大庭广众之下，羞于启齿或害怕见人。由于过分的焦虑和不必要的担心，使得自己在言语上支支吾吾，在行动上手足失措。长此以往，会不利于同他人的正常交往。

★敌视

这是交际中比较严重的一种心理障碍。这种人总是以仇视的目光对待别人。这种心理或许来自童年时期不和睦的家庭氛围。对不如自己的人以不宽容表示敌视，对比自己厉害的人用敢怒不敢言的方式表示敌视，对处境与己类似的人则用攻击、中伤的方式表示敌视。使周围的人随时有遭受其伤害的危险，而不愿与之往来。

我们必须消除自我体内这些交往中的障碍性心理，才能与人建立正常健康的人际关系，并且更好地提升我们的交际水平。人性的最大弱点是"自我重视"，人们在遇到问题时，总是很难发现自己的责任，习惯性地将罪过扔到他人的头上。凡遇到不顺利的事情，都应该先从自己身上找原因，检讨我们自身的不足。这时，你就会发现环境的问题和针对不同的人需要采取的正确的应对方法，而不是让环境或者他人进行改变来适应你。

"我像水融入大海一样
对待每个人！"

将你自己变成"他"

你要学着怎样将自己完美地融入一个团队，随和，幽默，风趣，理解他人，这对于提升我们自己的涵养十分重要。

任何一个团队都不欢迎"个人英雄"主义，哪怕你非常强大。一个总想着独来独往的人越强大，对团队的伤害也就越大。

一滴水融入大海，永远都能成为大海的一部分。如果它孤立地跑到岸上去，会发生什么呢？只需要一瞬间的工夫，这滴水就会蒸发掉了。

我们知道大雁有一种合作的本能，它们在飞行时都呈V形。大雁飞行时会定期变换领导者，为首的大雁在前面开路，能帮助它两边的大雁形成局部的真空。有科学研究发现，大雁以这种形式飞行，要比单独飞行多出12%的距离。这正是团队合作产生的效果，它可以产生一加一大于二的倍增力量。

融入团队的第一步，是学着将自己变成他人，靠近对方，用他人的思维去想问题。团队中的每一个人都这样想的话，就如同握成了一个拳头。即便不在一个团队中，我们在单对单的人际交往中，学着"让自己成为他"，也能更快地获得对方的理解和认可。那些优秀的交际高手都具备这种品质，他们深深地懂得，任何一个人，哪怕他的知识再丰富、才能再超群，也不过有一个脑袋和两只手，他的视野总是受到局限的，能力也总是受到一定条件的制约，所以想要取得更好的成就，只能去跟他人联合。

让自己变成他，需要三步走：

第一步，融入对方的世界。

第二步，融入对方家庭的世界。

第三步，融入对方朋友的世界。

靠近对方是一件很讲究的事

日本有一位著名的心理治疗师叫石井裕之，她说，每个人都有心理上的"舒适边"和"警戒边"。如果你能站在他的"舒适边"，对方会感觉到很轻松和安心，反之则充满警惕和深深的不安，加剧双方关系的恶化。

有个加州的白人妇女给我打来电话，问我："为什么我的老公只要说了一句我不爱听的话，我就很容易生气，甚至会歇斯底里呢？"

我对她说："那是因为你只看到了自己却看不到对方的缘故。他说一些令你不开心的话，有很多种因素，有可能是你本身不喜欢听，也有可能是你误解了，还有可能是他真的很不开心。为什么不跳出自己的框架，采取一种接近对方的思维来考虑这些问题呢？"

想靠近对方，首先就要站在对方的角度去思考问题。当然，这并非要求你必须处处为对方着想，也不是说在任何事情上，你都要猜测对方的心思，而是要能够以体谅的心情，去感知对方的心理状态。

就像这位白人妇女，夫妻之间发生了争吵，假如她只听信自己的心声，在乎自己的感受，就在心理上与丈夫拉远了距离，变成了一个不想理解他人的人。那么，不管事实的真相如何，她都觉得自己是正确的，丈夫是愚蠢和令人痛恨的。

与冷漠绝缘

在得克萨斯州，一个风雪交加的夜晚，有一位名叫克雷斯的年轻人因为汽车抛锚被困在郊外。正当他万分焦急的时候，有一位骑马的男子正巧经过这里。见此情景，这位男子二话没说，便用马帮助克雷斯把汽车拉到了小镇上。

事后，当感激不尽的克雷斯拿出不菲的金钱对他表示酬谢时，这位男子却说："我做这些不需要回报，但我要你给我一个承诺，当别人有困难的时候，你也要尽力地去帮助他们。"

于是，在后来的日子里，克雷斯主动帮助了许许多多人，并且每次都没有忘记转述那句同样的话给所有被他帮助的人。

许多年后的一天，克雷斯被突然暴发的洪水困在了一个孤岛上，一位勇敢的少年冒着被洪水吞噬的危险救了他。当他感谢少年的时候，少年竟然也说出了那句克雷斯曾说过无数次的话："这不需要回报，但我要你给我一个承诺。"

克雷斯的胸中顿时涌起了一股温暖的激流："原来，我连起的这根关于爱的链条，周转了无数人，最后经过这位少年还给了我，我一生做的这些好事，全都是为我自己做的！"

许多人对于那些与自己无关的人和事，倾向于一概地冷漠对待。我已经在这个世界上发现了太多类似的事件。他们见死不救，有难不助，生活在自己的世界里，甚至错误地认为这是一种个性：

"我一定要让人们不敢接近自己，那样多酷啊！假如我表现出一丝一毫的善心，就显得我太过单纯了。"

这是全美最年轻的连环杀手达菲对我袒露的心声。他才十六岁，就拿着一支半自动步枪守在学校足球场的看台上，远距离射杀了三名同学和一位老师，然后非常冷静地跳墙而走，又在外面的马路上射死了听到枪声出来察看的超市保安。

当警察蜂拥而至时，达菲已把步枪扔到河水中，兀自蹲在路边抽烟。他的眼神迷茫，好像做了一件"不怎么恰当"的错事，完全意识不到他刚杀掉了五个鲜活的生命。他对这个世界的冷漠到了令人发指的地步。

在监狱的一次访问中，达菲言语尖刻，态度孤傲，冷冷地瞪着我。从他的眼神中，我好像已经看到他是如何失去越来越多的朋友、然后对这个世界产生仇恨并进行疯狂报复的。

内特是爱立信公司的员工，去年才从大学毕业。不久前，他来到我们设立在华盛顿的交际心理咨询中心诉说了自己的苦恼：在同事的眼中，他的工作能力很强，上司也很欣赏他，在同事求助时，他也能给予帮助。

"我是一个非常努力的人，可是我不明白，为什么大家对我的印象总是很一般呢？我感觉人们对我太冷淡了，总是不能相信我，也不想让我融入他们的圈子，就像在我面前筑起了一堵墙，把我挡在外面。无论我怎么努力，都不能破墙而入，走进他们的世界。"

经过简单的交谈和人际状况的问题测试后，我发现内特的人际关系状况基本属于良好，没有什么太大的问题。但是我也注意到，内特有一个不太好的习惯，他在与人相处时的言行举止表现得不太热情，给人一种比较"冷淡"的感觉——尽管事实上他热情如火。

这种外冷内热的状态，导致了虽然他想和别人深入交流，但当同事和他打招呼时，他只是点头一笑，很少主动地与人聊天。人们觉得他十分冷漠，于是就会以相应的态度来对待他，这就是问题的原因。

●每个人都拥有各种各样的优点，但每一种优点给别人留下的印象是不同的。于是，心理学家把那些能对印象形成产生重大影响的品质统称为"中心品质"。

心理学家阿希在1946年第一次用实验证明了这个观点。他将大学生分成两组，每人拿到一张描写某个人特征的包括七个形容词的表。第一组被试的表上写着"聪明、灵巧、勤奋、热情、果断、实际、谨慎"，第二组被试的表上的词除将"热情"换为"冷淡"外，其他的词与第一组被试者的相同。然后让被试者评价该人。发现第一组被试者中的多数认为此人慷慨、幸福、人道，而第二组的评价几乎相反。阿希又分别用"文雅"和"粗鲁"去代替"热情"和"冷淡"，发现两组被试者的评价几乎没有多大差别。这说明"热情—冷淡"是核心品质，而"文雅—粗鲁"则不是。

基于这个理论，我在听完他的讲述后，最后提醒内特，他应该找到人际关系中最大的增值点——热情，避免让人们从他身上感受到冰冷的信号。他只要在生活中稍做调整，就可以取得良好的效果。

我说："你要主动地和同事打招呼，不要只是点点头或微微一笑。你可以和他们聊几句闲话。平时可以多多参与大家的闲聊，打破自己沉默的形象。还可以主动帮助别人，不要等到别人求助时才伸出救援之手。这些行为都可以给别人留下热情的印象，加上你的其他优点，一定会带来更和谐的人际关系。"

●不管是有意还是无意的冷漠，都会将我们脸上和心里的陌生人面具变得越来越厚。

多年以来，我始终保持着一个良好的交际习惯，这个习惯帮助我创造了无数好机会，为我带来了好人缘。那就是无论在什么时候，我都会积极地询问人们的需要，然后主动提供帮助，不论何种情况！我从不对他人的痛苦和需求无动于衷，冷漠视之。

当你打算去跟别人交谈时，请一定要带着满腔的激情和善意进行交流。在交流的过程中，要用眼神询问对方："我有什么可以帮助你的吗？"

如果你总是在人群中到处蜻蜓点水地交谈，同时还不停地用飘忽的眼神去搜索自己的下一个目标，似乎立刻就对眼前的这位失去了兴趣。那么，很快你就会失去大家对你的尊重了，因为你根本不在乎对方的感受，这会让人们感到羞辱。

可惜的是，绝大多数急切地想要扩大交际圈的人并不真正明白这个道理。他们不停地到处对人说："我需要这个，也需要那个，请你帮我做这个……"但是没有什么人回应，就是因为他们冷酷的眼神"出卖"了自己"只想索取不想付出"的内心。

在我的电子邮箱里常常会收到类似这样的邮件："李维文你好，我听说你人际交往很广，我也跟你一样，所以，你看我们什么时候可以找几分钟时间坐下来，一起喝杯咖啡呢？"

这样的邮件每天大概都会有上百封，其中多数会由我的助理来经手处理。它们通常让我想到：为什么会有这样的人发出这样的要求，还会指望我能同意呢？他们这样的邮件能让我有情绪去跟他们喝什么咖啡吗？跟他们见面能为我带来什么呢？

从这些邮件中，我看到的只有骄傲和冷淡，还有非常强烈的炫耀情绪。这是人际交往中的大忌，即便你的出发点是好的，但如果不注意表述的方式，也会使别人毫不犹豫地将你关闭在交流的大门之外。

这些给我发送邮件的人极度冷漠和功利，所以很抱歉，我不可能答应他们的要求。人和人的交往必须推心置腹，诚意和热情是一个人应该具备的最基本的品质。假如你连这些品质都没有，那么你很难为自己当前陷入瓶颈的人际关系找到一个突破口。

没有陌生人的世界

◎来自九点钟之前的问候

◎开门见山展示你的诚意，表明你的态度

◎正确地观察对方的反应

◎展示自己的心灵亲和力

◎ "他就是我要找的人！" 给对方这样一种印象，你就赢了！

Part 9

充分利用3分钟，养成优秀的交际习惯

"陌生人"优秀交际20个黄金习惯

★通过任何一个细节，展示你的个人品格，而不仅仅是"表面魅力"。

★当你处在互动中时，记得时刻展现主动积极的态度，切记不要传递消极和逃避的信息。

★给对方一次握手和一个拥抱，为什么不呢？

★切忌第一：不着边际地聊天和回避重点的态度，会使双方都受到伤害。

★首先理解别人，理解是一切情感的基础。

★信守承诺，避免不经意的食言。

★直截了当，有什么想法就要第一时间说出来。当然，要采取恰当的方式。

★尽可能一对一地交流，提高沟通效率。

★倾听：在你不方便说话的时候，闭紧嘴巴，然后去附和对方的发言。

★不断地更新信息，增加对对方的了解。你必须知道"现在的他"，而不是"过去的他"。

★不要停止自我教育，永远跟上潮流。

★适当的身体锻炼，不但有益于身体健康，而且可以和人拥有很好的交流话题。

★掌握方向，切忌被对方牵着鼻子走。

★尊重对方的习俗和爱好，站在他的角度，用他的方式与他交往。

★培养正确的谈话习惯，努力使交际变得愉快：你能畅快地说出自己的想法，也要让对方听起来心里很舒服。

★接近那些比你优秀或将来会变得优秀的人，这是交际的重要目标。

★懂得幽默，懂得调节交流的氛围，展示你的吸引力。

★智商很重要，但情商必不可少。你必须察言观色，体会他人的内心，并且适时地满足人们的"需求"。

★真诚的赞美：当你恭维时，说出心里话，用眼睛告诉对方"这是千真万确的"。

★对对方的疑问做出积极的反应，提供合作机会，一起解决问题。这是达到成功的前提，而一切交际的目的都是成功，无论是物质上的还是精神上的。

来自九点钟之前的问候

最富有感染力的人际关系应当体现在我们能够与对方实现感情层面的交流。如果我们能够时常在情感方面问候对方，这会是一种非常好的习惯。

现实中，人们往往会忽视感情因素的重要性，特别是在商业交际活动中。很多人都觉得："我和他是生意关系，私下没什么交往，提到自己的弱点和感情不是一件好事。"

还有人告诉我："时间这么紧张，我哪有心情去交流感情呢？正事还谈不完。""我太忙了，几乎没有精力关注这些东西，平时跟客户联系，都是有事说事，基本没有闲谈的时间。"

其实，你如果养成了一种良好的习惯：定期问候他人并告诉他你的真实感受，对方也会觉得他们跟你的关系比较真诚和富有深度。因为对于听你说话的人来说，你坦诚的情感表达（它必须出现得及时而又有别于功利目的），就是一种对他们最真诚的尊重。这样的尊重可以换取对方的真心相待，给予你所渴望的信息。

★我的"九点钟定期问候"

许多深谙人脉交际之道的人都有定期问候的好习惯，但大部分都集中在一些"有所需求"的时间。在我看来，问候之后随之而来的如果是"要求"，它就失去了本该具有的更好的效果。

问候应不只在节日和产品发布会前后的阶段——这总让人感觉到"目的"的强烈存在。而是应该多多进行生活化的问候，虽然有时候感觉有些烦琐，但起到的效果十分惊人。每天花费的时间不过三分钟而已，只是需要你做出一个简单的拨打电话的动作，或触动鼠标，发出一封温暖的邮件。

2007年，USL公司经手了一桩政商之间的关系拓展业务。华盛顿特区议员康诺利对于我们客户公司的订单成败起到的作用至关重要，但客户公司的公关人员使尽招数，也没能说服康诺利同意他作为大股东的STW矿业集团签下这份合同。

我们十分清楚，对一位政客的问候必须小心谨慎。既要令人印象深刻，又不能过早地进入主题，政客总是会对问候浮想联翩。接手项目后，我查了一下康诺利议员的作息时间表，发现他每天早晨的九点半都会准时出现在华盛顿市郊的一家高尔夫球场。

那么，在九点钟的时候，他应该正在车上，有着比较充足的时间接听电话。于是，我在第二天的早晨九点钟，打通了他的电话：

"您好，康诺利议员，我是USL公司的李维文，昨天已向您的助理预约。"

"啊，你好，李先生，有什么事情？"康诺利直奔主题，他第一时间就想到了我们是在为STW集团做项目公关。

但是，我说："康诺利议员，我知道您即将去草甸公园高尔夫球场，那里的环境的确不错。我有一位多年的好友正好在此地工作，是球场的营运总监。如果您有什么需要，可以直接跟他说明，我昨天已电话告知他。"

康诺利的声音顿时变得轻松起来，这是一个人面对这类事情时的必然反应。他干笑几声，说道："噢，谢谢。"

然后我挂断了电话，没有提及任何生意上的事。这样的定期问候持续了约一周时间，涉及范围包括高尔夫球、州慈善捐助事宜（STW集团慷慨捐资两百万美元，委托我们与康诺利议员接洽，并经由他联系州慈善机构），还有一些其他方面的交流，但一直没有谈到项目本身。

我和康诺利在这一周内形成了不错的互动，谈话气氛也越来越轻松。直到第八天，康诺利突然主动给我打来了电话，他说："李，明天你有时间吗？"我说："您尽管说，我随时奉陪。"他说："或许我们可以聊聊生意。"

合同签订得相当顺利，而我们并没有运用什么特别的公关技巧。问候的习惯就是如此强大，但你必须把握时机，不管是上午九点还是晚上八点。你可以通过电话定期地向你的客户询问前期的工作情况，或者进入别的话题，以培养友好的氛围。

比如，你可以在电话问候中询问他们，与你和你的团队共事感觉如何，是否有什么事情需要你的帮助，等等。经过这样的一来一去，你就会发现，客户的架子会一点点地消失。你可以通过这种方式，将你们的关系建立到客户与朋友的边缘地带的位置上。

一般来说，人们都会被这样的服务水平"打倒"并被征服。他们会称赞你的服务，他们将把你的电话看成是享受愉快的客户服务，同时又不会感受到强烈的功利目的。

因为工作带给我们的最大收获不是物质上的，而是一种自我的成长。在成长的过程中，你会结识更多的心灵伙伴。

有的人会用这样的问候语吸引同事，并非只有在"有事相求"时才能倾吐这些话语：

"您好，早上好呀！"

"早上好！您今天戴的领带的颜色和天气一样明媚，今天这套西装的剪裁也非常特别！"

不过我发现，也有许多人没能形成好的问候习惯，哪怕距离再近，他们也低着头不肯和别人对视。即使对方先打了招呼，他也只是低沉地应一声："啊，是呀，是你啊！你好。"声音低得就像蚊子哼，嘴唇只是翕动了几下，就此擦肩而过。

前者给人以主动的印象，而后者给人留下的印象则是十分被动的，令人无法信任。

★随时都不要忘记说些重要的"感谢"的话

在问候时，别忘了感谢对方接听你的电话，或者感谢他给你机会与他交流。生活和工作的细节中也要注意保留使用敬语的习惯，比如我发现，有些人接过别人请客的饮料却毫无反应，总是沉默地走开，错过了最佳的感谢时机。虽然他的内心可能充满了谢意，但如果不说出来，就会让给予者产生白请了一杯饮料的坏心情。

因此，表达"感谢"非常必要，感谢的时机也非常重要。当然，我们不必像美国人一样把"Thank You"挂在嘴边，但是将感谢变成一种长期坚持的良性习惯确实是很重要的事情。

比如，下面这样的用词和行为：

"我先下班了，您还要待一会儿吗？要保持心情愉快啊！"

"不好意思要先走了，需要我给您泡杯茶吗？"

"早上好，您来得可真早！"

★问候前的基本功课

我们会不可避免地与许多人相识，在这个过程中，有大量细节问题必须多加注意，比如在问候一个人的时候，如果你不了解他，就很难抓住问候的重点。

你必须先确定三件事：

1. 这个人是谁？

2. 你们是怎么认识的，你是出于什么目的在与他交往？

3. 你给他留下的初步印象如何，他是一个怎么样的人呢？

通过这三件事，可以考察出你对他的了解是否充分。丘吉尔曾经说过："做好充分的准备即便不能让你成为天才，至少也会使你看上去像是个天才。"所以，在每次要结识陌生人之前，以及当你准备在一个恰当的时间问候对方时，你都要先弄明白这个人是谁，是干什么的，还有他最近有什么特殊的事情发生。只有翔实地掌握这些信息，你才能从容应对，制订正确的问候和交流策略。

我经过多年的交际公关和培训工作，养成了一个非常好的习惯。在与重要的客人会面之前，我都会准备一页纸，大概地写下一些这个人的基本情况。在这张纸上要记录的东西，它们应该尽可能地回答以下问题：

他在本质上是一个怎样的人？

这个人为人处世坚持怎样的原则？

他有过什么令他自己感到自豪的成就，他有哪些独特的习惯呢？

如果我想和他建立一种稳定和长期的关系，还会关注他的公司和家庭的一些情况。时间充裕的话，我还会尽可能地了解一下他的朋友圈，大概知道他的朋友都是什么样的，以及他在过去十几年中的职业生涯。

请相信我，这绝不是危险的间谍工作，而是很有用的基本信息的准备过程。因为每个人都会自然而然地关注自己所从事的领域，而且这种关注往往比对其他事情的关注要多得多。如果你能首先了解到他们所属的圈子里足够多的信息，然后在去跟他们交流的时候，说出一些很内行的话，他们立刻就会对你产生很真实的好感。

原因就在于，人们最深层的本性就是渴望被他人了解和欣赏。能实现这种"欣赏"的前提是你已经准备好了足量的信息。

想要了解他人的情况其实是非常容易的，但是前期的准备工作绝对没法走捷径。如果你光靠投机取巧，而没有做那些前期的准备工作，就不可能接触到那些重要的大人物，并且跟他们有什么真正意义上的交往。

开门见山展示你的诚意，
表明你的态度

　　绝大多数人不管自己做什么事，从事哪一种行业，都会希望获得别人的尊重和重视，在私下的交谈和商业来往中莫不如此。这就要求我们尽可能地与对方进行情感方面的联络——不要仅仅表达功利的目的。

　　我们必须主动积极地向对方传递和表达友好之情，在刚接触时就要做到单刀直入，不要拐弯抹角。这些直截了当地表达出来的真诚之情，既是对别人的尊重，也是对自己的负责。

　　我们见过太多的用敷衍和欺骗去应付人际关系的人，他们可能一时能得到一些不错的好处，但长此以往，信誉度一定会降到谷底，别人不会再愿意与这样的人打交道。

　　只有用一种坦诚直接的心态去待人处世，才能换来别人的真心回报。

　　有个妈妈正在烧饭，邻居太太突然大叫着跑过来了，"不得了了，不得了了，你孩子在路上玩球，跑到路中间捡球，有辆大卡车开过来，你孩子——"才说到这儿，孩子的妈妈已经晕倒在地了。

　　那位邻居太太急着大喊道："你怎么了，你别急啊，我是说你孩子差点被车撞上，他没事。"

看，本来挺简单的一件事，就因为邻居太太一时的沟通失误，造成了这么严重的后果。

结果可能是，那个孩子虽然一点儿都没受伤，他妈妈却因为心脏病发作，进了医院。请问这要怪谁呢？

邻居太太为什么不一开始就说："刚才你的孩子差点被车撞了。"就算她想要描述惊险的场面，也可以接下来再说。

如果我们碰上了紧急状况，一定要先告诉别人结果，再去描述过程。就算是一般人也必须懂得这种沟通的原则。我们要将最关键的沟通过程缩短到三分钟甚至三十秒钟以内。

现在你就应该了解到，为什么我们在写报告时或者给客户做项目介绍时，一定要将最重要的信息放在前面，让他们一目了然，而不是绕一个大圈子却迟迟不说到重点。坦诚和直接的态度不但可以表明诚意，同时也展示了你的效率和能力，这些都会是对方所看重的品质。

★这表明，对于紧迫的事，你必须开门见山，而不是延迟不讲。

我们知道了这一点，在开会或者对公众（群体）进行演讲的时候，就能明白哪些事情是需要优先阐述的。即：我们可以先让人们知道即将谈到的主题，甚至可以告诉大家，你要分成几点来谈。人们总是关心这个，这也是他们的权利。痛快地告诉他们最为重点和急迫的事情，有助于赢得他们的尊重，也是对双方基本权利的认可，这意味着你的诚意和坦荡的为人风格。

如果你将重点搁置下来不先说明，先将鸡毛蒜皮的事拿出来啰唆个没完，还把这些小事分成诸如"我认为第一点、第二点、第三点……"，就像国内有些平庸的领导者做的那样。人们就会发自内心地感到失望和沮丧："这个家伙到底要干什么？"

这同样是一种好习惯，我们在打电话的时候甚至最好也事先说明会讲多久，会讲到哪一件主要的事情。即：急事优先，要事次之。做到让对方心里有底。像中国人常讲到的一句话："开门见山，才见诚意。"

★你必须立刻告诉对方你的主要目的和关键的态度。

如前所述，这是最要紧的一条原则：你必须明白什么是你真正想得到的。如果你真的打算与别人进行交流、谈判或者尝试某种交易，那么，当电话接通、会谈开始后，立刻拿出你的那一条重磅理由！告诉他，明确无误地让他看到你的态度，而不是藏在背后，遮遮掩掩地令人厌烦。

实际上，要想做成一件事，重要的不是速度，而是实现的可能性。如何在最短的时间内讲出可能性，这是一次交际公关是否成功的重要因素之一。

在展示诚意时，告诉对方我们的"主要目的"就是终极的公关目标。如果你想发出一次邀请，那么不要犹豫，直接告诉他。但我们总是需要一些直接而又巧妙的技巧。比如："您觉得……怎么样呢？""明天上午十点半，您是否有时间呢？"把皮球踢给对方，将选择权交出去，而不是带有一种强迫的意味，那么邀请和表达的层次就会大为提升。

好的交流不但能表达个人感受，也能说明我们的要求。在开门见山、单刀直入的同时，如果每次谈话的时候都能留下一个"未完待续"的议题，那么就为今后关系的稳定和合作的持续进行，开启了一扇始终敞开的窗户。

正确地观察对方的反应

　　一旦我们在交际之前已经清楚了自己的任务，同时也知道了希望达到什么样的目标，那么接下来需要明确的是：在交谈的过程中，怎样观察对方的神情并捕捉到正确的信息，然后做出及时有效的应对。

　　如何灵活应变，针对对方的态度提供后续的思路，显示出自己良好的修养和丰富的知识？为了与他人成为亲密的朋友，你要做许多必要的准备工作。如同我一再强调的，在交谈之前，你就要去搜集那些已经认识的或者想要认识的人的情况，知道他的个性和习惯是怎么样的，才能判断他的言行举止背后的真实意图。

　　国内的读者大都遇到过"砍价的问题"，对此我也感同身受，每次回国的时候去不同的商场购物，总少不了为此头疼。观察商家的反应和判断他们的价格底线，不是一件容易的事，难度不亚于进行一次高端的商务谈判。

　　在对商家开出的价格讨价还价时，你可以先给出一个自己可以接受的价格，甚至放出一个根本不可能的报价。如果对方在听到这个价格以后，断然地放弃与你的交流，他的眼神游移，流露出一副不耐烦的表情，似乎已经无视你的存在了，那么此时你就可以确定这个价格是他无法接受的。此时你所能做的，要么就是听听他的价格，要么就是果断地走开。假如他听到报价后，并没有放弃与你交流，只是在嘴上不停地说着"这个绝对不能卖"之类的话，说明这个价格还是有成交余地的，只不过他对此有些耿耿于怀，或者这是他的一种抬价技巧。

与此类似的观察经验，还可以体现在男人与女人的交流上——你怎样快速地判断一位女孩是否对你感兴趣呢？

你可以尝试着小心翼翼地"靠近"她，包括肢体上的靠拢，比如拉近一些物理距离，往她身边挪动二十厘米；也可以包括语言上的，比如说一些相对亲昵的话语。如果对方没有表现出明显的排斥，比如快速地远离你，或者突然变得冷漠，就说明你的试探取得了成功，你的观察是正确的，她至少对你没有那么讨厌。

根据你对对方的判断，做出直接快速而且有效的表达，这也是一种生存和交际的技巧。我们可以设计一些特别的情境，然后运用你丰富的想象力，看看你将如何应对。

●霍尔博特是你的团队成员，开会时他总喜欢和自己身边的人窃窃私语，这实际上是在干扰你。因为你需要每个人集中注意力并参与其中，而且这也会使别人分散注意力去听他们的谈话。在这种情况下，你觉得有必要与他开诚布公地谈一谈。那么，你将如何与霍尔博特交流这个问题？

●莉莎是一位很有才华的同事，不幸的是你的工作要依赖于她的工作的完成才能开展，而她又经常延误工作。你的判断是，她是一个脾气较为火暴的女孩，这使得你与她的交流有一定的风险，你将怎样开启这次"艰辛"的谈话？

●公司最近需要增加工作量，柯达是另一个部门的高级主管，与你的部门正好负责同一流程的不同环节。但是，你与他的关系向来不睦，经常三言两语就争吵起来。你必须与他讨论如何使两个部门通力合作，把工作做好。问题是，你在会面时，怎样与他进行一次谨慎而成功的交流？

●彼得是你的上级主管，你为你们的部门提出了一项关于资金使用的建议，你希望能得到他的支持，并且你已经与他讨论了有关的细节。但他是一个优柔寡断的人，你希望能够加速他的决策进程。你请求就这个问题召开一次会议，你将打算怎样对他说呢？

当你运用表达技巧开始交流时，你可以停顿一下，观察对方的反应，再决定是否继续。你通过观察和判断别人的肢体语言，决定自己下面到底应该如何去做，以及分析对方接下来的后续反应，并制订下一步的策略。

交流并不复杂，甚至可以说它很简单，只要你明白一些简易规则，掌握其中最关键的问题——在你与对方的交流中，或者在自我表达的过程中，你要尽可能地在三分钟的时间内让对方明白："这件事对我意味着什么？"即：你要解决一个问题，他们为什么要听你说，这对他们来说有什么益处吗？

打动听众需要时间限制。一个故事讲到十分钟还没有让听众感兴趣，你就失败了。确切地说，它可能只需要三分钟。如果你能在这个时间内打动听众，同时看清他们的反应，就可以做出有针对性的部署："啊，他们是这样想的？下面我该说些什么，做些什么？"

当你迈出正确的步伐，那么在通常情况下，人们会愿意倾听你的观点，并向你敞开心扉，而且对你的态度也会更加热情。

这或许意味着你所表达的信息对他们很有益处，或许有什么事情吸引了他们，使他们感兴趣，或许是满足了他们的愿望而产生合作的可能。这依赖于你的判断力，你必须准确地在短时间内听清他人的心声，从表情、肢体动作和微小的举止中毫无误差地看到他人的内心。

当你做出良好的、对方期待之内的反应时，你才能体现个人的魅力——这就是魅力的真相。

展示自己的心灵亲和力

2010年7月，我们开始了一项关于"交际亲和力"的全球调查，旨在为我们的培训提供有力的现实参考。雷顿负责领导这个小组，他给一千家上市公司的员工发送了一份调查问卷，里面只有一道题："你最愿意和什么样的同事相处和合作？"

在我们的调查中，大概有50%的人喜欢热情、开朗的工作伙伴，有30%的人愿意跟认真、负责的人共事，有20%的人欣赏努力、上进和工作效率高的人。

从中不难看出，"热情""开朗"是最受人们欢迎、最易让人感受到亲和力的性格特点，因为这类人坦率直接，充满生活的激情。他们积极乐观，不虚伪，很容易跟各种性格的人相处；他们会不计得失地去配合同事的工作，让人感觉到可以亲近与信赖。当然，"认真负责"的工作态度和为人风格，也是会让人们感受到亲和力的。

试想一下，有谁不希望和务实诚恳的人一起工作呢？有谁愿意身边的同事是一个滑头和人品低劣的人？

UA公司是坐落在亚利桑那州的一家知名的化妆品公司。为了扩大自己公司产品的影响，公司总裁菲妮女士自己用的化妆品都是公司生产的。她也不建议公司员工使用其他公司的化妆品。她不能理解凯迪拉克轿车的推销员开着福特轿车在全美各地四处游说，人寿保险公司的经理自己却不参加保险，诸如此类的事情。

她的想法也许是很合乎情理的，但她是如何同自己的手下交流这一想法的呢？

有一次，菲妮发现一位女性的部门主管正在使用另外一家公司生产的粉盒及唇膏。她走到那位主管的桌旁，微笑地说道："哦，上帝，亲爱的，你在干吗？你不会是在公司里使用别的公司的产品吧？"

她的口气十分轻松，脸上洋溢着微笑。那位主管的脸微微地红了。几天后，菲妮送给那位主管一套公司的彩妆，并对她说："如果在使用过程中觉得有什么不适，希望你能及时告诉我。我先谢谢你了。"

后来，公司所有的新老员工都有了一整套本公司生产的适合自己的化妆品和护肤品。菲妮女士还亲自向员工做了详细的示范。

她告诉自己的员工，以后员工购买公司的化妆品可以打折，享受优惠，这是给员工的福利。

菲妮亲切的态度和友善的语言表达——她长期坚持这种管理风格，不管遇到什么样的客户和下属都从不例外，这使得她自然而然地与员工打成一片，成功地向下属灌输了正确的经营理念。她没有强迫下属接受她的要求，虽然她有这个权力，而是通过合理的沟通，以一种较为亲切的方式推广了自己的管理理念。

亲和力就是这样，它是一种使人感到如沐春风的态度。它的优点是很容易消除人与人之间的隔膜，进而使传达者将自己的思想有效地传递给被传达者。

形象地说，我们也可以把亲和力比作盛装佳肴的餐具，而把我们所要表达给别人的思想比作佳肴。试想，吃饭时谁不希望有一套洁净的餐具呢？如果你手中的餐具是脏兮兮的，恐怕就不会有人愿意品尝盛在其中的佳肴了。

同时，亲和力也不是巴结和献媚，不意味着你要放弃自我，去全面地迎合别人。本质上，它更是一种心与心的平等交流和互惠。

如果你重视和人相处的细节，珍惜对方的某些具体感受，然后自觉地做到尊重他人，你的亲和力便会不断地增加。冷漠的人不受他人欢迎，因为他们只关心与自己有关的细节，而忽视他人任何微小的"痛苦"和"不适"。

性格相近的人也比较容易相处。我们总是希望对方能够按照自己的心意为人处世，至少能像我们一样思考问题。如果你是性格温顺和喜欢安静的人，你就一定会很厌烦一个喜欢乱发脾气的人；假如你生来直爽坦诚，你就一定讨厌那些说话拐弯抹角和虚伪的人。

这表明，我们要搞好人际关系，有时候就不能过于坚持自己的个性。我们要有针对性地做出一些改变，去适应他人的性格。在不放弃原则的前提下，顺应他人的心意，满足他人的需要。

如此，他们才能深切地感受到你的善意，认为你是一个富有亲和力的人。比如，对待那些麻利干练的人，在说话做事时你要强调行动与成果，他才会体会到你与他的相同之处，对你产生亲近之感；对待那些说话喜欢分成多个要点的人，你要强调逻辑与条理；而对待那些慢吞吞的人，你要耐下心来，跟他们分享各方面的感受，不要给予他们过度的压迫感，也不要太频繁地催促他们。

展现我们的亲和力，还需要一些细致的技巧：

①配合别人的感受方式
②配合别人的兴趣与经历
③多使用"我也"开头的句子

诸如此类的技巧，你还能想出许多，正如许多交际指导书上都在告诉你的，你需要善用这些"工具"，并重视生活中的细节。养成这些良好的习惯，你才能做到真正地去聆听他人，释放真正的亲和力。

你是否具备亲和力，这关系到人们对你的终极评价，也是一个人的优良品行的外在表现。长此以往，你会变得更加宽容，善于接纳不同的人与事。会有更多的人认同、信任和喜爱你。

"他就是我要找的人！"
给对方这样一种印象，你就赢了！

"给对方这样一种印象，你就赢了！"——你要让他认为他终于找对了人！

我经常问"陌生人拥抱"运动的参与者，在每一次与客户见面之前，你是否保持着"一定要成功的心情"，还是觉得"随便""成功也好，不成功也可以"呢？如果是后者，就等于你的潜意识已经在为失败找借口，就会给对方留下一种随便和应付的印象。那么，你这样做的成功概率会有多大呢？

我在华盛顿的一家大公司曾经看过一个女人每天都打扮得漂漂亮亮地出现在公司的销售部门，却不常外出拜访客户。她坐在舒服的办公室里吹着空调，偶尔还将自己的猫带来，好像她就是公司的总裁。但我十分清楚，公司总裁绝不是一个女人，因为就在几周前，我还跟他一起吃过饭，他是USL公司的固定客户。

后来有人告诉我，这个女人凭借深厚的人脉谋到了一个职位，她与董事会的某位重要股东有着说不清的暧昧关系。

我明白了，看来她的人际关系网很发达。但是，虽然人脉雄厚，如果不能提供价值，这把椅子她能坐得长久吗？有一次，我正好去这家公司的销售部门拜访，也与这位女士聊了几句，关切地问她："你不担心没有业绩吗？"

她的回答是："您是说去见客户吗？不，那太浪费时间了，我虽然也想尽快接手几个大单子，但我现在没有时间，我还在熟悉部门的工作流程。"

她的回答让我困惑，但我很快明白，这个女人屈尊到销售部门坐着，只不过为了让人们羡慕她的衣着和她这种无所事事的状态，而不是真正地想要好好地做一份工作。

不久，她发现这里再也没人会多看她一眼。同事们都忙着出门拜访客户，办公室里经常只剩下她和她的小猫。留在公司的同事也很忙碌，没有人有空跟她聊天。

她的目的落空了。再之后，董事会做出了决议，她将被辞退。她很快就收拾东西，带着她的小猫离开了这家公司。

她给所有人都留下了一种令人沮丧的印象：你来这儿是干什么的？你不是我们需要的同事，你能提供的只有"花瓶"的价值吗？！那么，我为何要跟你成为朋友或者相处良好的同事呢？我甚至连你的"原则"都不清楚，你让我们感到无比厌恶。

1. 做好你自己和"他人对你的要求"之间的协调与定位。

我们每次在给客户做一些培训指导之前，都会先跟客户密切地沟通和讨论，明确对方的要求，然后找到我们之间的共同点，再提供我们的优势项目，从而让客户发现，我们就是他要找的人，除了USL公司，再也没有人能提供这种高级的服务。

客户的项目，受众是什么人呢？

这个项目的主题该怎么定位最好？

如果定位错误，对于客户的培训效果，会有多大影响，又该如何补救？

当我们重点解决了这些主要问题，提供了详细的方案后，客户就会觉得，只有我们才能帮助他们完成这次内部的员工培训。"只有你们行！"这是一种坚定的态度，他们不会再考虑寻找其他公司。一种良好的品牌印象，就是这么形成的。

2. 策划正确的行动导向，来让他感受到你的价值。

我们的行动导向并不是指对准明确的目标，像喊口号一样加以说明，然后一做到底，而是为一套计划设计理性和清晰的步骤，让对方看到实现的可行性。

比如一个商业的策划方案，你要在几张薄薄的纸上，详细列明主要的信息和达成目标的途径。在客户看来，一个目标的可行性只是前提，更重要的是如何实现。在你罗列的计划中，它应该包括前后有序的像"1、2、3、4"一样的步骤，每一步都充分地列明合理的成本、收益和可控的风险。

就像是盖一座房子，设计师疯狂地嚷着："我要盖一座世界上最漂亮、最壮观的别墅！"这是没有用的，因为谁都可以这么喊。如果这样有用，客户自己可以每天喊上一万遍。拿出你的图纸来，让对方在纸上能看到一座最完美的房子是怎么建成的。给予理性的步骤，才能展示你的价值，让他做出"这件事非你不可"的判断！

3. 假如听到对你个人的消极评价，你可以把自己当成聋子，但要立刻加以调整。

你听过"你别傻了""你别再做下去了"这样的话吗？

你是否还听到过诸如"你在干什么？""我不明白你的想法"之类的困惑？

是的，人们如果不理解你，就会发出这样的抱怨，他们觉得你做错了。这或许是真的，也许是误解。重要的是，不能打击到你的信心，也不可迅速影响到你的行为。

假装听不见，但能立刻判断出"自己还需要做出哪些改变"，这是一种好的习惯，或许还是我们大多数人长期缺失的优秀品质。你要能做到自信地展开行动，坚持自己的主张，同时又迅速地吸取对方的有益建议。这才是重点。

没有陌生人的世界

◎打破"人心隔肚皮"的传统障碍

◎用心关注对方，而不是出于某种目的

◎消灭优势心态，永远不要唯我独尊

◎帮助你的朋友制订计划

◎70%法则：尽可能扩大非工作交往，而不是只盯着生意

◎给对方一把"椅子"，无论什么时候

Part 10

使自己拥有良好的心态和长远的眼光

好的心态是怎样炼成的?

★ 双向信任：相信自己的判断，并接受现实，容纳别人给予你的东西，不管它是甜美的糕点还是烫手的山芋。

★ 谦虚与低调：可以制订高远的目标，但不要迈出浮夸的脚步。

★ 关注未来：明天永远比今天重要，今天总是比过去更有价值。

★ 建立协作式关系：尊重别人的意见，并把你的人际资源团结起来，将你们的未来建立在集体智慧之上。

打破"人心隔肚皮"
的传统障碍

通常，人们在交际关系中做到"知心"是很难的。所以人们采取的对策是"护心"，护住自己的内心世界，为内心盖上厚厚的被子，同时警惕所有走近自己的人。与人说话时躲躲闪闪，讳莫如深，很容易使人产生距离感。但是，凡是能成为好朋友的、与他人沟通到位的人，大多是能够开诚布公、开放心灵的人。

●不要无端猜疑，捕风捉影。

●尊重他人的隐私，就是保护你自己。

偏见产生的根源是什么？在交际中引起矛盾的主要原因一般是，两个人（两派人）对于事物的看法不一致，甚至观点完全相左。这时，大多数人都会认为自己的认识是正确的，而对方则完全错误，或者至少不如自己的看法全面而客观。

当偏见的力量大于冷静思考的意识时，人们除了不愿意接受别人的意见，还会慢慢地产生很深的隔阂。

具体的心理反应过程是：

1. 觉得对方别有用心，意欲对自己不利。

2. 做某件事时，当对方跟自己的想法不一致时，认为对方是在拆自己的台，是成心跟自己对着干。

3. 对方对自己有偏见和成见，与自己不是一路人，不可能成为朋友。

4. 排斥对方，无论别人如何协调，就是不想信任他。

然而事实并非如此，有时候你觉得别人不理解自己，其实是你不理解对方。

如果我们从客观公平的角度看问题就很好理解了。当对方和自己的想法、行为不一致时，如果我们不是一味地责怪对方，而是进行冷静的思考：他为什么不理解我呢？站在综合和中立的角度想一想事情的经过，就能使自己的心态提升一个层次，发现截然不同的视野。你就能跳出"信任与不信任"的怪圈，真正地理解对方。

高中生伯恩和女孩希菲在一次学校组织的晚会上一见钟情，他们仿佛一瞬间便找到了自己生命中的天使。伯恩忍不住轻轻地吻了希菲，两人恋爱了。

过了一年，由于种种原因，他们没有走下去，莫名其妙地分手了。伯恩总感觉很对不起希菲，却不知道怎么去解释。希菲非常理解他，而且也希望他心理上不要有所负担，专心学业，但她也未曾告诉他自己的这番心声。从此以后，两个人再没有联系过。

就这样，他们给彼此留下了一个沉重的心结，这怎么能叫作理解呢？

理解必须通过某种方式——但不能是沉默，沉默有时会让你看上去很聪慧，但解决不了根本问题。只有做一些事情让对方真正地体会到、感受到，或者帮助对方看到你真实的心情，才不至于让理解变成徒劳无功的行为。

★帮助你思考如何建立人际关系的工具："约哈里窗户"理论

西方的心理学家为人的内心划分了四个区域，人与人之间能否成功地交往，人际关系能否健康地发展，很大程度上取决于各人的自我暴露区域的大小。这就是"约哈里窗户"理论。

1. 自己了解、别人也了解的"开放区域"（你知我知）

2. 别人了解、自己却不了解的"盲目区域"（你知我不知，只缘身在此山中）

3. 只有自己了解、从未向人透露的"秘密区域"（我知你不知，隐私）

4. 自己和别人都不了解的"未知区域"（你我都不知，潜能，潜意识）

为了交往的顺利进行和发展，我们总要尽量扩大"开放区域"，缩小"秘密区域"，做到多多向对方敞开心扉，让别人了解自己。

同时，权威的心理学研究表明，人与人的关系交往并不是单向的，而是一个双方充分参与的互动过程。也就是说，你对别人开放的区域越大，你就越能获得相近水平的开放区域。你打开的窗户大，对方给予你的入口也相应增大。

这表明，如果你要了解别人，就先要让别人了解你。缩小你的秘密区，扩大你的开放区，自然会得到别人良性的反馈，获得人们对你的好感。自我开放的区域大小与人际关系的和谐度成正比。那些总是抱持怀疑态度、时刻充满警惕的人，人际关系往往比较紧张，朋友较少，且缺乏深入互动。

无端的猜疑是获得幸福人生和拥有和谐关系的大敌。我们已经生活在一个处处都是陌生人的世界里，假如你变本加厉地关紧大门，这既容易伤害别人，又容易作茧自缚，使自己苦恼不堪。因为你发现没有人信任你，委屈和痛苦的情绪充斥着你的内心，但责任往往在你自己身上，而非他人造成的。

要调整心态，就必须认识到猜疑的成因和危害，多与周围的人做开诚布公的倾心交谈，互相分享生活感悟，并请教对方的意见。向别人"求救"往往比向别人"施舍"更容易赢得信任。

很显然，猜疑和防范心理产生的缘由是"自我安全感的缺乏"，即是由于个人缺乏自信及对他人缺乏信任造成的。向别人请教问题或请求帮助，能迅速地战胜"安全感缺乏"的心理影响，让对方感觉到你对他的信任，消除他对你的"怀疑"，为建立良好的关系打下一个良性基础。

★请学会冷静的思考与分析

将"心"藏在肚皮内的好疑者，他们喜欢靠感觉（直觉）来评判一些事情，喜欢自始至终感情用事，不擅长理性分析。

对于一件事，这类人在缺乏客观依据的情况下，不经理智地思考与分析便妄下定论，做出错误的判断。因为缺乏事实根据，做出的主观臆想往往会使人做出一些不靠谱的结论，引起他人的误会。

★避免那些消极的暗示

暗示具有无穷大的力量，它不分积极和消极。暗示决定着人的心态，也主宰了人的情绪。

我们发现，那些喜欢猜疑的人通常是那些对他人抱有强烈的敌意、充满戒备、不愿相信别人的家伙，他们经常不由自主地暗示自己一些恶劣情绪。因为缺乏自信，就觉得人们都在针对自己。

归根到底，这是由他们潜意识的自卑倾向造成的。自卑使人特别敏感，敏感又决定了他们的多疑。比如一些年少丧父丧母的人，寄居在亲戚的家中，长大以后就容易拥有强烈的自尊心和潜伏的自卑心，变得多愁善感和敏感多疑。

消除这种不良暗示的根本途径，是重塑信心，不去过度地在意别人的评价，才能真正地告别猜疑心理，建立"以我为主"的淡然心态。

★疏通和调节，你掌握了几种方法？

我们可以利用或者创造某种恰如其分的情境，以某种为他人接受的方式进行某种适度活动，从而将自己内心那些压抑的情绪疏通和宣泄出来，以减轻或者消除心理压力，保持心理平衡。

在缺乏调节的情况下，个人的消极情绪通常无法自动地排除。它们通通积压在内心深处，时日一久，就会使人胡思乱想和做出极端行为。为此，适度的宣泄对于消除我们的猜疑心理极有好处。

●性格外向的人：可以通过与朋友的聊天和交谈将消极情绪倾吐出来，在别人的宽慰下重回正轨，获得心态的解放。

●性格内向的人：他们不习惯情绪的外露，与朋友当面交谈都有诸多困难。他们可以通过博客、脸书或日记等方法来进行宣泄，也可发送邮件给朋友，进行不见面的交流。

用心关注对方，
而不是出于某种目的

在六度人脉理论的实践培训和"陌生人拥抱"运动的推广中，我和我的团队一直在强调："必须抛开绝对的功利主义，建立人与人之间真正的心灵交流，才能完全提升我们的人际关系和对于这个世界的认识。"

这就告诉你，你需要在交际过程中像自家人一样，出于关心、坦诚和心灵的需求，而不是利益的需求去谨慎地接近他人，和他人融洽地相处。如果每个人都能这样去与人交往，那这个世界会变得多么美好啊！我描述的这幅情景并不是现实，而是每一个人都在自己的人生中力图实现的目标。

"你必须实心实意地做到这一切，不能有任何伪装的痕迹。或者说，你完全不可伪装，而应真的就是如此。"

那么，你做得到吗？

就这个问题，在本书完成之前，我已在培训课程和交际公关的实战中当面问过大约4800名参与者和客户。只有不到十分之一的人，在第一时间自信地回答我，他们可以做到。如果去除一些"有意的水分"，我认为这个比例可能不到5%，甚至还要更低，也许只有2%。

著名的心理学家爱佛瑞·艾德纳在其《人生真义》一书中说：

只有不懂得关怀别人的人，其生活才会面临真正的痛苦，甚至伤及他人。世界之所以充满失败，正是由这些人造成的。

如果我们真想交朋友，就该摒弃自我的功利因素，全心全意地为别人做些事情。哪怕是伪装出来的——但你连这些必要的表演也做不到吗？如果你做不到，我想，你的脸上一定写满了浮躁和"我想从你这里得到一些东西"的丑陋表情。假如你正是如此，那我只能说一声"可惜"，这真是一种不幸的交际方式。

生活中，我常常"设法"去关怀别人。比如，有些刚认识的朋友，我不知道他们的生日，又不方便直接开口询问——这会暴露我的目的，我便假装要用东方式的占卜方法替他算一算未来的运势："嘿，老兄，把生日告诉我，让我们看看你今年的财运如何。"

随后，我每年都会按照他们生日的时间，提前给他们寄去贺卡或送上一份礼物。

这种到位的关怀，常常使我的朋友们感到十分温馨。同时我对他们并没有要求，就算我遇到了问题，他们恰好能轻松地帮我化解，我也不会过于明显和直接地对他们提出。直到他们主动发现，然后把电话打到我的卧室，质问我为何不请他帮忙。

一名罗马诗人曾感慨道："只有付出我们的关怀，别人才有可能反过来关怀我们。"

查尔斯·伊里特博士曾是哈佛大学的校长。有一天，一个名叫克兰顿的大学生到校长室申请一笔学生贷款，被批准了，他万分感激地向校长先生道谢。

查尔斯笑着说："有时间吗？请再坐一会儿。"

克兰顿以为校长先生会有重要的事情跟自己交代，但是他错了，他十分惊奇地听到查尔斯问他一些生活上的细节："你在自己的房间里亲手做饭吃，是吗？我上大学时也做过。我做过牛肉，你做过没有？要是煮得很烂，这可是一道很好吃的菜呢。"

接下来，查尔斯又非常详细地告诉克兰顿，应该怎样挑选牛肉，怎样用文火煮，怎样切碎，等等，并告诉他要放冷了再吃。

最后他说："你吃的东西必须有足够的分量，否则便会营养不够。"

真是了不起的哈佛大学校长啊！有谁会不喜欢这样的人呢？老师对学生一句入心的关怀会让学生铭记终生；上司对下属一句非工作的问候和出于关心的询问，也会让下属发自内心地感谢。因为每一个人都有"希望自己被别人关心"的欲求。

有一位经理问我怎样才能得到员工的爱戴，让他看起来不像一个严厉的"魔鬼"似的令人讨厌的那类上司。因为他实在是太让手下惧怕了，以至于聚会时，很少有员工愿意跟他坐在一起，甚至都不太敢主动和他说话。

"我很伤心，你知道，我不是这样的人，我想让员工真正地了解我。"

我教了他一个办法，让他每月都在发薪的那一天，给每一名员工都发一封问候邮件，以此作为一种沟通的手段。

"这个月时常加班，辛苦你了，因为你的努力，才会有如此好的成绩，假日时请在家中好好休养。"

"听说你的儿子考入了普林斯顿大学，并且获得了全优奖学金，真是了不起的孩子，将来一定会有出息的。"

我叮嘱他说："记住，必须给每个员工都发一封单独的问候邮件，提及他们具体的、不同的生活状态。千万不要使用群发那种枯燥和程序化的方式，这只会让他们觉得你十分虚伪。"

然后良好的转变发生了，两个月后的公司聚会上，他和手下的关系就变得无比融洽。除了发邮件之外，他再没做什么其他的，就是短短几句定期的问候，使员工感受到了他工作之外对于下属的真诚关怀。

职员们对他开始充满好感："啊……原来老板那么关心我的事情呢！之前是我误会了他！"

只有真诚的关怀才会衍生出良好的人际关系。你一旦失去了关怀别人的心情，戴上冷漠的面具，只想去索求自己想得到的东西，这时你也就连带着失去了自我。无私地赋予别人一些必要的关怀，也许就能使受到你关怀的人的心态发生变化。

你的真诚和爱心，可以改变一个人，甚至能够创造一个奇迹！

我们应该怎样合适而恰当地让人们感受到"真诚的关怀"呢？

●掩埋任何"附加条件"。

真诚的心就是"我只对你，而不要求你对我"，拿出自己的诚心诚意和宽容大度去对待他人，不要"他关心了我，我才去关心他"，也不要"我关心他，是希望他也关心我，回报我"。

人们经常出现的一种行为是：为了某种目的而去关心别人，在不需要对方的时候自己就走开了，把人抛到了脑后。

要杜绝这种行为，才能体现出自己的真诚。

●讲究方式和方法，在恰当的时候出现，然后给予必要的关心。

你先要弄清楚别人需要的是什么，他是情感上受到伤害，需要心理安慰？还是事业上出现了挫折，需要你的帮助和建议？或者他的身体不舒服，情绪不稳定，需要你的关怀和心理疏导？

把握这些时机，然后再择机出现。在这些过程中，你还要考虑对方的心理，因为许多人在受到伤害的时候，可能不太愿意别人去打扰他，或者去询问事情的原委。在这种时候，你就要格外地小心谨慎。

●设身处地地为对方着想，拿出具体和实用的办法，而不是只有空洞的语言和姿态。

有的人想关心别人，却不知道该从哪里下手。我们经常见到这种现象，说了一大堆好听的话，却对别人一点帮助都没有。这时，最好站在他人的角度上考虑问题，想想他需要什么，再针对性地做出举动。这样，你的关心就更容易走进对方的心里，打动他，并让他真心地感谢你。

在华尔街有一位成功的商业人士，多年以来，他在人际关系方面始终有着旺盛的热情和投入的关注。每个月，他都要给自己认识的人发四到八封邮件，邮件上只有很简单的一句话："祝贺您取得的成就，希望多交流合作。"

久而久之，他建立了一张非常广泛的关系网。在他的圈子里，人们喜欢并且尊敬他。他的朋友遍布世界，就连华尔街的快餐店老板都自豪地声称"我是他最好的朋友之一"，并向顾客炫耀他发来的邮件。

人们十分惊讶于他如何知道自己最近取得的成就，并发邮件来表示祝贺。这难道不是出于特别的关怀和专注的关心吗？每个人都以自己受到他人的关注而备感荣耀，这是一种普遍的心理啊！

为什么你不学习和使用一下这个办法呢？

消灭优势心态，
永远不要唯我独尊

你觉得自己与众不同，很"厉害"和很"优秀"吗？

你觉得除了你，其他人都是傻瓜吗？

你是不是认为只有你明白事理，洞察世事，别人都像木头一样活着？

领导者都会有一些唯我独尊的心态，他们有秘书、司机，甚至有专门的机构为自己服务。文件有人起草，开会有人倒茶，出行有人开车门。当他们到公司或政府单位时，总是走在最前面，后边跟着的随从一大堆。

这样的人在讲话时，也经常刻意地留在最后，他要做总结、要拍板，而且还颐指气使地随意批评任何人。

久而久之，就使自己脱离了常人的心态，好像一只气球飘上了天空，形成了优势心理。但这种状态对他而言，其实相当危险，只拥有想象的高度而没有坚实的内核。一旦心理优势破灭，就会导致很强烈的挫败感。

此外就是一些坐上特殊位置的人，拥有某些专长、经验或其他优点，都可能让一个人产生"我应高高在上"的病态心理。这些人的人际关系，表面看起来如鱼得水，其实是很差的。人们与他们交往多是畏惧于他们的权势和能力，而不是真的想跟他们成为朋友和可以交心的关系。

优势心态等于"无知"

　　具有上述优势心态的人，他们的潜意识无比膨胀，在行为和意识上最突出的表现就是骄傲自满。他们非常满意于当前的生活状态，认为自己无所不能，什么都懂，没有自己办不了的事。当一个人处于这种状态时，就进入了"无知"的行列。

　　西方有句箴言说："骄傲是一位殷勤的'向导'，专门把那些无知与浅薄的人带进满足与狂妄的大门。"

　　在一座深山里，有一群猴子，相处得非常和睦，好像大家庭一般。其中有一只猴子特别精明，什么事都想带头当领导，但是，其他猴子都远离它。这只猴子常认为："我比你们聪明、机灵，为什么大家都排斥我呢？好吧！没有你们，我也生活得很好。"它毫不在乎，依然故我。

　　一天，猎人来到山上，远远地看到了猴群，于是走上前去。所有的猴子都吓得一哄而散，赶紧躲了起来，只有那只精明的猴子在树上跳来跳去，逗弄猎人，卖弄它的聪明。猴子心想："我可不是一般的猴子，我又聪明又健壮，逗逗你又怎么着？你抓不到我！"

　　猎人拉开弓向它射去，射了好几箭都没射到。其实猎人原本无意射杀猴子，谁知猴子却调皮地一直捉弄他，见他射不到自己，更加得意，不但继续跳来跳去，而且吹起了口哨。猎人气得怒火中烧，于是招来一群猎人，一起射箭，把猴子给射死了。

　　你是这只"猴子"吗？

　　或许这个问题有所冒犯，但很显然，不少人都曾有过这样的经历，自以为优秀，或孤芳自赏，或认为"我很聪明能干，别人都是愚昧无知的"！

　　聪明反被聪明误，优势心态的基础往往是对于事实的无知和愚蠢。没有谁真的需要你的"骄傲",但你要依赖众人帮你躲避"弓箭"。

有一种人际交往中的忌讳是过分夸耀自己的才华,如果你不谨言慎行,往往会招来他人的嫌怨。明明在一个优秀的团队中,却会被人集体排斥,与别人的距离都很远,总是觉得孤单寂寞。像这样实在是很不快乐的人生,游离在一群人的外面,无法倾诉和倾听,更谈不上什么成功和幸福了。

产生这些恶果的根源,就是我们的骄傲情绪。觉得自己才华横溢,就以为全世界都要依靠自己,除了"我",别人都是档次很低的人,别人有什么资格跟自己相提并论呢?

事实是,当他抛弃别人时,人们同时也抛弃了他。

自我认识的错位

长期具有强烈的优势心态的人往往自我认识错位,很容易不思进取,满足于当前的成就。

"我已经很出色了,为何还要努力呢?"

于是,他们忽视新信息,沉溺于过去的经验,并将此当作一种"资格",错误地认为自己理应高高在上,而且也确实是高高在上的。

这样的人,既不受人喜欢和欢迎,也更加容易陷入交际的困境。

在一个小镇,人们选了一头驴,让它驮着神像穿城而过。一群群人从四乡赶来看游行队伍。他们站在街旁,推推搡搡,都想挤到前面去。

驴子走过时,所有的人都鞠躬致敬,向神像祈祷。有些人伸手抚摩神像;还有些人在神像前方的路旁跪下。驴子见了,就觉得自己是一头很了不起的动物。

"真没想到,这些人都对我如此毕恭毕敬啊!"它想,"我不知道我这样有威望。想想看,我竟然一向照主人的吩咐办事,叫干什么就干什么。"

它决定试试自己的力量。

"我真不想再往前走了,"它想道,"我就在这里站一会儿,让人们赞美我。"于是它就一步也不肯走了。

啪！它的背上狠狠地挨了一下子。

"走，"主人气冲冲地吆喝着，"你竟敢这样把游行队伍挡住?"

"在这美好的时候，"驴子傲慢地说，"我不过想给这些好人一个瞻仰我的机会。"

主人大笑起来，揪着驴的鬃毛拉它往前走。"人们对你不感兴趣。他们是到这儿来看你驮的神像。走吧，不然我立刻宰了你!"

这个故事充分说明了自我感觉良好的心态是什么样的，它具有极大的盲目性，总是自以为比别人优秀，总觉得别人在某些方面不如自己，充满了自我陶醉和自我欣赏。这便是自信与自我感觉良好的区别。在行为表现上，它们也有着根本性的差别。

帮助你的朋友制订计划

和他一起讨论那些"不属于你"的事情，献出你的智慧和热情。这是获得朋友、加深友谊的前提。在朋友面前，用正面积极的态度帮助他面对困难，寻找解决的方法。

同时，在这个过程中，你也能够体会到进行团队合作是怎么一回事。

很多人都会思索人们为什么要帮助朋友。怀特对我说："李，我知道一个关于朋友的悖论，那些帮过你的人，还会继续帮助你，但你帮过的人，不一定会来帮你。"

也就是说，一部分人在不停地帮助别人，而一部分人一直接受帮助而无积极的反馈。

好吧，那我告诉你原因：人们回不回报，取决于他们喜不喜欢你这个帮助者！

朋友就像棉被，他给予你的温暖，其实是你自己的体温。难道不是吗？

怀特向我讲述了他的朋友与其妻子分手的经过，他希望自己能帮助朋友和妻子破镜重圆，但是我在听完这个故事后发现，他的那位朋友具有强烈的受害者意识，很可能已经患上了精神分裂症。

怀特说："最近斯威尔的状态很不好，我们是十几年的邻居了，他现在心都碎了，因为他跟结婚六年的妻子离婚了。他们的感情一度非常好，但结婚三个月，妻子就要求离婚，这场离婚大战一打就是五年多。他换了很多份工作，在不同的城市，还去英国尝试过新的生活，这让他心力交瘁。这几年中，我敢说，他遇到的怪事超过了哈利·波特。"

"都是些什么怪事呢？"

"有人总是给他的生活捣鬼，他甚至听到同事们说，有人要杀死他。听到邻居在背后讨论他妻子的出轨，人们总在嘲笑他，而不是协助他解决问题。"

"呀，都是他'听到'而非'看到'的。"

"从此他在精神上背负了很大的压力，整天恍恍惚惚，他只能放弃了，决定签字离婚。他闷在家里，不参加聚会，不跟人联系，有时也拒绝接我的电话。李，你知道这种生活吗？一个人与世隔绝，仿佛从这个世界消失了。作为朋友，我很想帮他。我觉得症结在于他的婚姻上，只要让他们破镜重圆，一切都会好起来，回到从前。"

最后，他问我："李，我可以做什么呢？"

当我分析了整件事情之后，我发现，斯威尔当下最主要的问题不是和他的前妻破镜重圆，而是他自身的心理健康问题。他的故事有些奇怪，因为最大的危机并不在于生活中的变故，而是他内心对这个变故的解读。心理上的变化是现今一切困境的根源。

由于失去了妻子的信任，这像一根雷管，引爆了他对于自己生活的绝望。他开始不相信任何人，包括邻居，所以才会感觉邻居在"出卖"他。他有强烈的受害者意识，开始时只有特定的对象，认为他的同事要害他，现在泛化到了邻居的身上，认为邻居也在背后嘲笑并愚弄他。这个趋势也许会继续蔓延到其他人身上，或许下一个目标就是怀特。

综合判断，斯威尔的症状很像精神分裂症中的被害妄想症。找到真正的原因，这是怀特帮助他的基础，否则他的好心只会办一件更大的错事。

在我的建议下，怀特放弃了"让朋友与妻子破镜重圆"的计划，转而说服斯威尔去看心理医生。

而且，我提醒他说："没有人愿意承认自己的心理有问题，因此斯威尔不一定同意去见心理医生，很可能还会表现出强烈的抗拒行为。所以，你必须制订完善、合理以及能够真正促使他康复的计划。"

如果朋友求助于你，你总是对他说"我很忙"，那么就是你对他的拒绝，也是对自己的封闭。一起解决某些问题很困难吗？事实上，这耽误不了多少时间，反而能为你的生活拓展更多的空间，促进人们对你的了解。

如果你对朋友的需要敬而远之，始终不想施以援手，源于一种"不想惹麻烦"的心态，对他人的请求视而不见。那么，当你需要朋友的时候，你就会发现朋友也在学着你的样子拒绝你，完全忽视了你的困难处境。

有时候，对朋友推说"我很忙"，也是一种内在的无能的表现。有的人头脑里塞满了各色各样的事，当朋友有事相求时，虽然有心相助，但他自己弄不清该如何安排自己的事，不知道哪一件事重要、哪一件事紧急，因此他只能无奈地对朋友说一声："呀，我现在事情好多啊！"

还有的人说："我真的想帮助你，但我能力有限，不好意思了！"这些回答都是逃避的表现，结果都只有一个：在你远离朋友的同时，他们也决定远离你了。

首先，你要在自己的能力范围之内，充分地体现出自己的热心，帮助朋友，满足对方的愿望。这个世界上的多数事情，靠一个人的能力是无法完成的，但联合起来能做成许多事，这就是协助的意义所在。

其次，我们要能清醒地分清事情的轻重缓急，在决定出手时，先安排好顺序，从容不迫地做出双赢的应对举措。如果他的事情非常紧急而你又承诺帮他解决，那么就不要拖延，立即去做。假如他的需要当下并不着急，甚至是一个长期计划，你就可以合理安排时间，与他商议一个稳妥的进度。

在帮助朋友时，我们必须懂得一些基本的原则

1. 你是否经常认为朋友的问题都很简单或者很无聊？

每个人的问题不同，解决问题的能力也不同。这个人很难解决的事，换作另一个人，也许根本不成问题。比方一个贫穷的人，经常有财物上的困难，一遇上要用钱的事，就觉得力不从心，深感无力，这是资源有限造成的。所以不能主观地认为他人的烦心事是小事，或是无聊的事。应当具备同理心，设身处地地站在当事人的立场想一想。

2. 你是否告诉朋友，你曾经怎样解决了一个更大的问题？

你以往的经验是一个个别事件，对以前的那个人有帮助，但不一定对眼前的这个人有好处。每个人都是独特的，在他身上所发生的事情也是独一无二的。不能萧规曹随，一概而论。而是要针对当事者本身的状况，去了解他、帮助他。如果你告诉他，你以前曾经做过什么，很容易误导他，也误导你自己。或者，你只是炫耀一下自己过去的一个成就而已，没有实际帮助的效果。所以，还是以不告诉为好。

3. 你是否给这位求助的朋友一些吃的喝的，或是一支笔，只是为了他在诉说的时候，有个东西在手中？

人在求助的时候，表现得一定不太自然，不同于平常。他的痛苦、悲伤、烦恼、害怕都容易让他难以畅言、手足无措。所以手中握住点什么，一支笔、一只茶杯、一张纸，都能起到安抚的作用。这也能显示出你关心他的心意，会使他心怀感激的。

4. 你是否让他不断说下去，当他沉默时，不加以干扰？

不要忘了他是主角，你是配角。你的工作主要是聆听，不要喧宾夺主。更何况，话如果还没有说完，就不可能知道全部的状况，当然也就无从做判断并伸手相助了。不过，适时地回应一些安慰、鼓励的话，是应该的。

5. 你是否任由对方说东道西，直到他讲到要点为止？

我们应该让朋友详细讲述一番之后，再进入正题。这样可以消除他的不自在，产生信任感。因为在他说东道西的过程中，他也在观察我们，以及决定要对我们开放多少、信赖多少、披露多少。为了博得他的信任，我们要让他考察一番。

6. 你是否已经替他准备好一个答案了？

这是先入为主的做法，并不恰当。解决问题通常是一个过程，要一步步地来，不是给个答案就能了事的。答案人人都会给，当事人自己想出来的答案，绝对比你想的还要多。但是他并不因为有了一大堆答案，就没有问题了。所以，宁可陪伴他走过这一段艰辛时光，而不是只奉送给他一个答案而已。同时不要试图用任何推理的、逻辑的方式去分析朋友的问题。

7. 你是否愿意听他一再重复同样的要点？

在开始的时候应该这样做，可是到某个程度之后，就要提醒他，或是帮助他，用不着再重复了。不过，我们要知道，他一再强调的那几点，很可能就是他的症结所在。你应该注意听，让他相信你了解他了。但不能让他一直停留在那一点上。他能挣脱那一点时，困难可能就解决了一大半。这是帮他打开心结的关键所在。

8. 你是否会主动地介绍医师、律师、神职人员、心理学家或其他相关的专业人员，给有需要的朋友？

专家有他们的专长，不是我们这些外行人能比得上的。凭借他们的专业知识，我们可以省却许多事。走对了路，就可以少犯错误。

9. 你是否容易责怪、批评或怜悯陷入困境的友人？

当然不应该这样做，因为我们对任何人都应抱持尊重的原则，而不是无用的责怪、信口的批评、肤浅的同情。我们应该让他畅所欲言，即使他的话违反了我们的道德观或思考方式。

10. 你是否觉得流泪是弱者的表现？

流泪并不全然是软弱的表现，而是自然、正常的情绪宣泄。强行压抑住是绝对不好的。

11. 你是否用指手画脚的方式，来强调你所说的话？

用不着这么做，因为有用的话，不要强调，依然有用；没用的话，口沫横飞，依然没用。不过，偶尔做一些恰当的手势或动作，可以增加言行的分量。但是过度或过量就没有必要了。

12. 你是否在朋友犹豫不决的时候，替他把话说完？

还是不要取而代之的好，我们说得再入情入理，也不如他自己说的真实有用。而且他能说出来，也是一种情绪的抒发。我们只能提示他该怎么说，但是不能代替他来说。

13. 你是否觉得你都是靠着自己解决问题的？

有时我们难免会有这种自以为是的想法，事实上，我们还是依靠许多外力的帮忙，才能解决困难。小的如别人一句鼓励的话，大的如别人的实际援助，近的如别人给自己的忠告，远的如从前教导我的老师对自己曾有过的教诲。今天的我有多大的成就，除了我自己的努力之外，也表示我获得了多少外在的帮助。

14. 你是否因朋友冒犯了你而感到生气？

只要他不是故意的，我们就无须放在心上。如果是他有意的，我们再设法化解。假使连这点都不能容忍的话，又怎能有气度去帮助朋友呢？

70%法则：尽可能扩大非工作交往，
而不是只盯着生意

●私下相处的时间代表了你的机会。

●70%法则决定了你和他的实质关系。

在帮助洛马公司对非洲的客户进行政府公关时，我对起程赴非的团队提了一项"70%法则"：

将70%的时间用在与客户的私下接触上。

将70%的精力去关注客户的家属。

将70%的话题引到与生意无关的领域。

我的团队严格遵守了这三项细则。在非洲，他们抽出大量时间与客户交流如何设计到美国的旅游线路，怎样在美投资房产，还有如何将自己在非洲的房子装修得更漂亮。此外，公关专员拜访了每位客户的私家别墅——当然没有人发现，他们挑选了最合适的时间，并赠送了最恰当的礼物。

在大多数时间内，双方都没有涉及生意。直到客户主动提出，他们需要详细了解一下相关设备的性能。正式的谈判一开始，我们就直奔主题，洽谈的是购买价格、回扣和交货日期，而不是"这桩生意能不能成功"。

成功的秘密就在于前面大量看似没有意义的铺垫：我们没有把关系都变成生意，我们用了更大的空间盛装工作之外的友谊。

为什么人们总是忽略这些呢？有时候，你可能觉得给别人私下打几个电话一点都不值得，请朋友吃顿饭也落不到什么好处——因为你对他一无所求，但在他看来，是无与伦比的重要。

如果你只盯着工作上的交往，把全部时间都投注到生意、工作和协议谈判上，你会发现自己的付出是如何巨大，收获却是如何微小。

当你眼红一名银行经理痛快地批准了你的同行的贷款时，你可能并不知道，他们两人前几天刚刚参加完两个家庭一起出行的海南三亚七日游。

业务经常是"玩"出来的

珠海有一家广告公司的老板夏先生到洛杉矶出差，曾经对我介绍他的生意经。在他看来，非工作的应酬决定了事业的成败，这在国内（尤其东方文化圈）极为明显，只把工作做好是很难赢得客户的全面认可的，甚至不足以决定最后的结果。

他的原则就是"将业务做于无形之处"，明修栈道，暗度陈仓，采取迂回战术去拓展商务关系。比如，他很少板着面孔，坐在桌子旁，一本正经地跟客户谈生意，也极少像国内其他公关者一样采取酒桌上的拼酒战术，而是大多通过一起钓鱼、户外旅行、分享收藏等方式来敲定生意。

夏先生说："我是一个非常喜欢玩的人，并且喜欢带动大家一起玩，工作应该是种乐趣，生活是用来享受的，人们认同了我的理念，和我一起参与了这个过程，然后我们就成为朋友、成为生意伙伴了。"

他的观点正好对应了当前的现实，人们的业余爱好已经越来越广泛，人际关系的分野也变得模糊。你无法分清哪一个是工作关系，哪一个是私人友情。如果你擅长各种活动，那么在打高尔夫、羽毛球，品红酒，户外旅行时，你的交际圈子就会不知不觉地扩大，并成功地扩展个人事业。

有段时间，夏先生养起了龙鱼。当他听说一位客户也很喜欢养龙鱼后，不惜斥资亲自给客户买来送上门去，并将养龙鱼的相关经验和注意事项，认真搜集、打印之后装订成册，一并交给了客户，两个人从此成了"鱼友"，大大增进了互相的了解程度和友谊。

那么，接下来的合作呢？那更是理所当然的了。

在人们尤其是客户的眼中，你不仅要做一个会玩的和有影响力的人，而且要能够引领新潮，玩出情趣。

找准对方的需求点

有一位业务员去拜访一名政府公务员，这名公务员大概有四十多岁的样子。在交流的时候，业务员动辄一句："您退休以后会怎样呢？"然后来帮客户设想卸任后的光景。

看起来很贴心，其实犯下了巨大的错误。对方此时正在任上大展宏图，你却在讨论他下台后要怎么办，结果自然可以想象。就像你对一位公司老总大谈特谈如果公司倒闭后又没有保障会有多惨，那么结果可想而知。

这就是"需求点"的问题，在交流时，你一定要注意哪些是可以讲的，哪些则不能讲，哪些需要换一个方式讲。

1. 私下接触中要照顾到对方的隐私。

高端客户的隐私意识都比普通人要高，这一点恐怕大家都理解并认同，没有人愿意你看到自己不想暴露的私生活。即使那些大揭别人隐私的媒体记者，他们也不会爆料自己的隐私。

因此在私下接触中，你必须注意到，哪些是可以问的，哪些不该问。即便你无意接触到了，也要向对方郑重地做出一个守信的保密承诺。

2. 避免急功近利，不要急于求成，必须通过非功利接触进行长期经营。

70%法则对我们的要求是，不要催促对方尽快做出一个生意上的决定，也不要急于得到对方的承诺。如果你过于急躁，只会让对方怀疑你的动机和实力。

3. 非工作交往的细节问题

●礼物：私下接触中一般都需要送些礼物，这就涉及礼物的选择问题。通常来讲，这种礼物不宜太过贵重（除非你想通过这种方式提前支付商业回扣），做到独特与新颖即可。给对方的小孩准备一些小礼物是一个不错的选择。

●举止：在礼仪举止方面要落落大方，体现出个人的品位和涵养。因为在这样的接触中，也是对方观察你的一个过程，他们会判断你的品质和层次，并挑出你的毛病。

保持正确的距离

重要的是，你是否能聪明地定位好你的角色呢？

有些人在推销和谈判工作中，主张和客户成为一种绝对非功利的、真诚的朋友关系，这当然是一个很好的理想。但是我个人认为：这取决于客户希望你成为一个什么样的角色。

你必须把握一个基本原则：

1. 如果是商务人脉：先谈工作，再谈交情。
2. 如果是生活人脉：先去付出，再谈回报。

主动地对商务人脉追求实现朋友关系，也许会使一部分高端人群对你产生其他不必要的想法。他们可能怀疑你的动机，以及对你们的关系定位产生疑虑。以我的公关经历来看，大多数的商务人脉并不希望与客户成为真正的朋友，虽然双方的接触看起来密切热络，很容易给没有经验的人脉公关新手一种"我们是朋友"的错觉，但实情并非如此。

给对方一把"椅子"，
无论什么时候

现在，请先回答我的三个问题。

1. 你有追求成功的渴望吗？
2. 你有被人尊重的理由吗？
3. 你是如何看待成功的？

这三个问题的背后，体现的是比赚钱更重要的东西。

"尊重"很困难吗？

处世成功的关键，就在于做到尊重别人，使人觉得自己在对方的心目中起码具有一定的分量和地位。这种心态适用于任何人，不管他是中国人还是美国人、是东亚人还是欧美人，"尊重"是一种普世原则。你既然尊重了我，我也就不可能怠慢你。

因此，你必须尊重每一个人，无论他是你的员工、客户、合作伙伴还是行业竞争者。就算你们的关系势如水火，也要互相尊重人格，不失基本礼仪。

人们可能不需要别人的理解和赞同，但是没有人不需要别人对自己的尊重。这不是怜悯，也并非可怜的施舍——他们当然不需要你对他有任何的指指点点，他只是希望你给予他一个自由的，特别是在关键时刻完全属于他自己的空间。

人们大都对超市售货员的服务态度感到不满，认为这些售货员不是态度冷淡，就是言语粗暴。可有一位老太太说："我不抱怨那些可怜的售货员，他们有时也碰到很糟的顾客。可是，我总能得到很好的服务，他们对我都很友好，不过我是有意使他们这样做的。"

接着，她谈到了自己的方法："我走到一位售货员面前，微笑着说：'您能帮助我吗？'从来没人拒绝过我。"她脸上闪出顽皮的微笑。她接下去解释自己的第二个步骤："接着我马上说我对要买的商品一窍不通，我很需要售货员的帮助。无论我买一颗纽扣还是一台冰箱，我都这样说。每个售货员都很乐意帮助我，并且我挑多久都没关系。"

什么才是你想要的成功呢？

我发现人们对于成功有一种普遍的错误定义。许多人经常会用另外的一些与成功相提并论的词语，如"财富""权利""名声"等来形容一个人的成就大小。他们觉得，只要有了钱和权力，就获取了成功，也就赢得了人们的认可。

有位国内的企业家曾对我这样说："李先生，在我白手起家时，不但身无分文，而且债务缠身，人们都瞧不起我，没人愿意跟我交朋友。我去找亲戚借钱，遭到的是白眼；去参加同学聚会，他们连家里的电话号码都不敢告诉我，生怕我有求于他们。但当我度过生死危机，公司越做越大，身家千万以后，人缘一夜间就变得火爆起来，我突然就红得发紫了，到处都有人想跟我交朋友。亲戚不断地上门，提着礼物到我家；高中的、大学的甚至初中和小学的老同学们如同赶大集一样冒了出来，今天请我吃饭，明天要过来拜访，使劲朝我手里塞名片。然后我就意识到，没有钱，街上的一条流浪狗都不理你；有了钱，陌生人也变成了熟人，这就是人际关系，就是成功！"

但是，成功仅仅是这些吗？

财富与成功是不是一回事？我首先要说，财富肯定是成功的标准之一，但绝非主要的判断标准。比如有一个人，他一无是处，但有一天心血来潮，去抽奖券中了大奖，几个小时内就成了千万富翁，你会说他是成功的吗？这只能算是某种可遇不可求的幸运。有的人可能非常懒惰，但是由于继承了大笔遗产而一夜暴富，你能说他是成功的吗？

人人都知道这两个例子的答案。没有真正的付出也可以变得有钱，但这与成功画不了等号，也不可能是一种功成名就的标志。

成功与财富并非同一个概念。你身边的许多人可能没有太多金钱，但是为你所铭记和学习，甚至是敬仰，又有谁能说他们不成功呢？他们的人际关系也不会差，同样能征服这个社会的某一个群体，成为交际明星并声名大震。

人们似乎也认为，名声是无比重要的，他们在乎有没有更多的人记住和尊敬自己的名字。成功就是让更多的人知道自己的名字，反过来说，就是能让别人知道名字的人都是成功的。

事实上，是这样吗？

就本质而言，成功是一回事，成名则是另一回事。比如一个成功的企业家，为社会创造了大量财富，为他公司成千上万的员工提供了工作的机会，他个人的收入却不多，并且他还默默地捐款做慈善事业，为人非常低调，不希望被媒体报道。因此，没几个人知道他的名字。但我们谁能说他不成功呢？这样的人，同样会拥有别人的好感和拥戴，也照样会朋友遍天下。在他的世界里，也不会有真正的"陌生人"。

成功永远都是一种过程，是生活的状态而非形式。因此，我们不应该去探究什么形式才是成功的，而应该想想什么样的状态才是成功的。

巨象集团的总部设在纽约曼哈顿，是一幢七十多层高的大厦。环绕大厦的是一片郁郁葱葱的花园绿地，在这寸土寸金之地更显出该集团与众不同的实力。

一天下午，在这幢大厦楼下的花园里，一位头发花白的老人正在聚精会神地修剪灌木。

突然，一团卫生纸抛落在刚剪过的灌木上。白花花的卫生纸在青翠的灌木上显得特别刺眼。老人抬眼望去，是坐在花园中一张长椅上的一位中年妇女扔过来的。中年妇女嘴里对身边的孩子说着什么，一边满不在乎地看着老人。老人什么也没说，捡起那团纸丢进了旁边的垃圾桶里。

这时，又一团纸飞了过来。"妈妈，你要干什么？"儿子奇怪地问。中年女人只朝他摆了摆手，示意他不要出声。这次，老人仍然没说什么，走过去将那团纸放进了垃圾桶。可是，老人刚拿起剪刀，第三团纸又落在了他眼前的灌木上。如此这般，老人一连捡起了中年妇女扔的六团纸，但他始终都没有流露出不满和厌烦的神色。

"我希望你明白，如果你现在不努力学习，将来只能跟这老园丁一样没出息，只能干低贱、卑微的工作！"中年妇女指着老人在教育儿子。

这时，老人才明白过来，中年妇女生气是因为孩子的学习成绩不好，她要让孩子明白学习的重要性，而自己就成了她"现身说法"的"活教材"。

老人听到了中年妇女的话，放下剪刀走过去说："夫人，这是巨象集团的私家花园，按规定只有集团员工才能进来。"

中年妇女掏出了一张证件，朝老人晃了晃，趾高气扬地说："我是巨象集团的部门经理，就在这座大厦里工作！"

"我能借你的手机用一下吗？"老人沉思了一会儿说。

中年女人极不情愿地把手机递给老人。老人拨了一个号码，简单地说了几句话。中年女人又乘机教育儿子："你看这些穷人，这么大年纪了，连部手机也买不起！你今后千万要努力啊！"

这时，中年女人突然看到巨象集团人力资源部的负责人急匆匆地走了过来，满脸堆笑地迎向老人，并且毕恭毕敬地站好。老人指着中年妇女对来人说："我现在提议免去这位女士在巨象集团的职务！""是！总裁，我立刻按你的指示去办！"人力资源部负责人连声答道。

老人走到小男孩面前，抚摸着他的头，意味深长地说："孩子，我希望你明白，虽然你要学习的东西很多，但你必须首先要学会尊重每一个人。"

"不喜欢我"没关系

我们在任何时候都会看到这样的提示：请尊重所有的人，包括不喜欢你的人，将心灵的高度调节到和别人平等的位置，这很难吗？是的，我们都知道应该如何，可总是有人越线，他们"高高在上"，用眼睛告诉别人："我很讨厌你，我鄙视你，我瞧不起你……"

在今天这个世界，已经没有比尊重个人更普遍和重要的价值观了。尊重他人的人格，承认他们的付出，也要求你要尊重每一个生命，包括脚下的花草和森林里的动物。

尊重每一个人，是"人性化"的直观体现。视对方为"人"，你方为"人"；视对方为"兽"，你又价值几何？无论对方的地位是高贵还是卑微，哪怕是路边的一只流浪动物，我们都应该百分之百地尊重它，投注关爱和祝福。

记住，是100%！不容许有丝毫侥幸，不然你将后悔莫及！

人虽然有富贵和贫穷之分，但是在人格上无比平等，上帝不会蒙着眼睛挑选他的幸运者，死神也不会计算你的财富，再决定是否将你带离人世。不管你是国王还是乞丐、富翁还是贫民，本质上并没有什么区别。

重视和平视对方的人格，这是你要做的第一件事。

足够的尊重，还是尊重！否则，你难以得到别人的真心拥护，你即便赢得一时，将来也会输得一塌糊涂。

善待一切"陌生人"

除了要拥有相关的能力，一个人要想获得各方面的成功，还需要拥有一颗善良的心，发现世界的美好并好好珍惜。这样，你才会善待一切。善待一切，就是要我们用眼睛看世界，用心灵感知世界，然后再用行为去实现积极的创造。

你要明白应该如何无私地帮助别人。这样，当你接受别人的帮助的时候，才能心安理得。

●爱自己：积极乐观，充分地自省。

●爱别人：付出善意，聪明地沟通。

●爱工作：体现价值，并且去创造价值。

●爱身边周围的一切：一个美好的世界，每一件事物都值得珍惜。

让自己拥有这种充满爱的心态，当你失意的时候，才可能有人帮你渡过难关。

为所有人——包括一切陌生和熟悉的人，为一切和你共同生活在这个星球上的人打开一扇友谊之窗！播下交流的种子，你才能期待未来的收获！

这是生存在"陌生人世界"中最关键的一个因素和标准。我们只有为其他人提供更好的服务，为别人创造价值，为更多的人带来收益，才能被更多的人所接受，才能获得更多的人的支持，才更容易在这个到处都是陌生人的社会上结交到足够的人脉，获得你所需要的一切资源。

你将更成功，也将更接近幸福！

没有陌生人的世界

◎第一周：打造自己的第一印象

◎第二周：尝试三种聚会

◎第三周：展开你的深入联络

超值附赠

常青藤盟校固定推荐课程
——风靡全世界的3分钟交际课

三个星期，三个阶段，三种提升，三种收获！

★三分钟让你的世界不再有"陌生人"。

★三种方式让你的人际关系"柳暗花明"。

★三个简单的训练帮助你战胜"心魔"！

★遍及全球六十个国家，一千所知名大学参与。常青藤大学联盟固定推荐课程，美国联邦调查局训练科目，让你以最快的速度和陌生人成为熟人。

第一周：打造自己的第一印象

★方法：集中练习"打招呼"

★范围：朋友，亲人，邻居，同事，客户，所有与你有交集的人

为了展示良好的第一印象——这往往经过长期和集中的训练，而且第一步一般并不从陌生人开始，多在自己固定的圈子内展开。我们都知道第一印象永远不能改变和磨灭，可以"令人产生舒适感"的第一印象，既是一封最权威的介绍信，又是一张最好的社交名片。

那么，你准备好了吗？在第一周的时间内，向你的圈子"表演"你热情的笑脸和传达加深接触的信号。

你的目的：

请在七秒钟的时间内打动对方，因为这时大部分人已经做出了是否与对方继续交往的决定，而且有的人做这个决定甚至只需要三秒钟。这样的判断基于人际交往的七秒钟原则，几乎所有的社交案例都证明了这一原则的正确和普适性。

在出门之前请注意六点：

1. 看看皮鞋擦干净了没有

2. 检查一下裤子拉链，是否已经拉好

3. 衬衫扣子是否已扣好

4. 胡子是否充分地刮过

5. 发型怎么样

6. 衣服有没有皱褶

请练习六种动作：

1. 真挚的笑容：一般在六到十五米的范围内，开始绽放你的笑容。

2. 得体的肢体动作：行姿稳重，不要出现夸张的举止，走向对方时，切忌速度太快，这会给人不适的压迫感。

3. 问候式的语气：太虚伪的寒暄会起到反效果，请牢牢记住，要用心关注对方的生活，问候要有内容。比如："早上好，听说您最近肠胃不好，建议您多吃些绿色蔬菜。"

4. 合适的拥抱：给小孩儿和老人温暖的拥抱。这有什么可害羞的呢？试着做一做，相信你将另有一番收获，你会发现小孩儿的父母和老人看你的眼神将大不相同。

5. 特定的幽默：适当地挤眼，或者做出夸张的动作，逗笑邻居家的小孩儿，或向社区的漂亮女孩打招呼。我相信，每个人缘好的家伙，一定是最受社区的小孩儿和年轻女人欢迎的人。

6. 体现优良品质的动作：当电梯坏掉的时候，你帮助过邻居往九楼抬沉重的东西吗？若有这种机会，你应欣喜向前，而非仓皇躲避。

第二周：尝试三种聚会

★方法："约会交际"的强化技巧和从容心态的巩固练习。

★范围：新的关系，好久不见的朋友，陌生人，当然还包括你的家人。

练习方式：电话邀请"演习"和当面邀请

独自在一处无人之地，对着镜子练习如何打电话，邀请一个人赴约。

亲自当面邀请，并商定聚会时间和地点。

三个原则：

1. 笑容：随时展现，但不过度，以免导致反效果。

2. 语气：随和平易，热情亲切，使人如沐春风。

3. 时间：早到十分钟，不要磨蹭到最后才到。

三种聚会：

1. 朋友：进行轻松愉快的聚会，加深友谊，体验这种氛围，并融入其中。如果你从未主动邀约他人参加"朋友聚会"，这将是你迈出的关键一步。

2. 同事：与单位同人的定期聚餐是你"融入工作氛围"的典型标志。

3. 客户：邀请客户十分重要，你须把握的原则：①择机——机会和理由；②择时——选择客户最恰当的时间；③择地——他最喜欢和最有新鲜感的地方。

关键的一步：练习一下在聚会上你怎样表现？

1. 朋友面前，你有没有想过自己的真实形象呢？每个人都有自己要扮演的不同角色。

2. 让同事敬佩的原则通常不是展现工作能力，而是来自两方面：和他一起"抱怨工作"，并提供不同的视角；能够充当他生活上的向导，但能保持一定距离。

3. 和客户的聚会并不如想象般紧张，你应学会制造轻松，远离与生意有关的任何信息，但能聪明地让对方主动讨论。

4. 与妇女谈话时，我们何以自处？基本原则是，你要更加谦让谨慎，不与之开有伤大雅的玩笑，一旦涉及争论，你要有节制。确切地说，你要绝对克制，控制你的嘴巴，站到两米之外。

5. 给对方充分发表意见的机会，但也应适时地发表你独特的看法。你要善于深入地聆听，也应趁机做出补充和完善。记住，不要就某一问题轻易表态，但可说出你与众不同的理解。很难是吗？其实这对任何人来说都轻而易举，只要你冷静理智，抛开主观倾向。

6. 聚会时你应专心，和手机、手表保持必要距离，最好一直不看它们，而是关注你周围的人群。如果你左顾右盼，心不在焉，或者总是注视别处，显出一副很不耐烦的样子，你将大大丢分。永远不要表现出对这场聚会或某个人漫不经心，你很可能因此失去别人的信任和欢迎。

第三周：展开你的深入联络

★方法：提升交谈的内容，决定成败的后续联系。

★范围：重点客户，黄金关系，还有那些潜在人脉。

三种必备工具：

1. 阅读：你每天读书的时间有多少？喜欢读哪一类书？

2. 新闻：你对新闻有多了解，你的谈话内容就有多广泛。

3. 兴趣：兴趣是你最强大的工具，也是人和人之间沟通的桥梁。

提供三种内容：

1. 人们正在探讨的话题

如果你可以轻松地引出双方都很感兴趣的话题或者对方急需解决和沟通的事件，就在交际中占据了优势。人与人的交流总是由话题来推动的，通过对方想谈的事情，顺利地打开交谈的突破口，对于初次交谈以及日后的交往都显得十分重要。

2. 引起对方的好奇

每个人都充满"好奇"。你可以提供一种东西，让别人好奇，从而使他也对你产生好奇。好奇心会促使对方继续了解你，与你进行交流和联络，这比利益的引诱更能促进关系的实质进展。比如"如何使异性爱上你"的法则中就有一条：让他（她）对你充满好奇，就种下了爱情的种子。

关系、给予和付出都是双向的，如果你能增加他们的生活情趣，他们同样也能回过头来增加你的生活情趣。这是沟通和交流的基础，也是我们进行提升训练的主要方向。切记，避免在聚会时"只说不听"和"只听不说"，成为"话痨"和成为"沉默者"的结果都是一样的：让人们讨厌或被完全忽视。

在聚会中避免说类似下面的话：

"我没什么可谈的，你们继续聊吧。"

"我这个人很普通，不想说什么了，再见。"

"我们之间没什么值得一谈的事情呀。"

"我对这件事不感兴趣。"

"我想独自待一会儿，别烦我，好吗？"

那些总是无法结交到朋友和拓展人际关系的人，他们即便不常说上面的话，心理状态也是这样的。可能有些人觉得那只是由于自己确实太害羞了。站在你对面的"陌生人"不会关心这些深层原因，人们总是只相信自己看到和听到的东西。

事实上，这个世界上并没有那种完全不值一提的人。每个人或多或少都会有一些可以和别人分享的趣事，用来勾起大家的好奇心，使自己成为交际场合中令人瞩目的焦点。虽然许多人会因为与别人的见解不同而羞于表达，表现出某种内向和孤独感，但如果你能变得主动和积极一些，就很容易从陌生的群体中脱颖而出。

每个人眼前的世界，都充满了庞大的陌生人群体。谁能与之坦诚相待，谁就能成为他的"熟人"，去掉陌生人的面具。当你能把握到他的心意时，就可以做到与他心灵相通，气味相投，那么你们的关系就能成为今后生活的一条主线：成为非常要好的朋友。

3. 发现共同点

寻找共同点，把握共同点，这是我们与陌生人交谈的突破口，也是训练时格外需要关注的一个环节。从一个共同点开始探讨，然后向深处掘进，产生一系列连锁反应。你会发现和对方越谈越深入，双方的距离也更加接近，继而发现更多的共同点，擦出越来越浓烈的火花，逐渐进入关系的稳定期和甜蜜的阶段。

没有陌生人的世界

◎您需要认真回答的30个问题

超值附赠

"陌生人" 鉴定卡
——您需要认真回答的30个问题

您需要认真回答的30个问题

请将问卷答完，并邮寄到下列地址（北京市朝阳区京顺路5号曙光大厦11层，陌生人工作小组收，或发送邮件lengyuxiang@163.com），您将收到作者针对您个人在人际交往方面的建议，并有机会收到我们精心准备的礼物。

1. 每当夜深的时候，你是否感到孤独，或时常站在窗前向外眺望？

A. 从不，我感到生活很充实

B. 偶尔如此

C. 孤独，觉得自己朋友很少

D. 焦虑，常为自己的现状感到伤心

2. 你每天打几个电话？联系人固定吗？

A. 很少，有时几天没一个电话

B. 很多，电话不断，来自恋人或家人

C. 我电话数量稳定，跟客户联系最多

D. 每天超过20个电话，因为工作性质的原因，陌生人居多

3. 你对每天的这些电话或者电邮感到厌烦吗？

A. 不觉得厌烦，也没有特别的期待

B. 我喜欢清静，因此讨厌电话响起

C. 我觉得自己的电话或邮件太少了

D. 特别希望有人联系我，因为几天都没有一个电话

4. 在和别人（包括陌生人）交谈时，你总是出于什么目的？

A. 产品推销

B. 除了问路，绝不交谈

C. 交友目的

D. 工作联系

5. 你被朋友（包括同事）"出卖"过吗？

A. 从来没有

B. 只有一两次

C. 常被同事出卖

D. 经常被朋友和同事出卖

6. 在"出卖"事件发生后，你对和人交往失去过信心吗？

A. 没有，我认为这是偶然事件

B. 对我是很大的打击，我变得多疑了

C. 我更积极了，因为我相信好人占大多数

D. 我更注重反思自己的责任

7. 你是善于倾听还是喜欢表达的类型？

A. 我喜欢倾听，很有耐心

B. 我喜欢表达，让对方听我说

C. 我喜欢互动

D. 说不上我是哪一种类型，看对方的需要，我比较被动

8. 你是否经常主动打电话问候朋友，而不是出于功利目的？

A. 经常

B. 很少

C. 偶尔一两次

D. 从来没有

9. 你认为"陌生人"危险吗？

A. 非常危险，必须警惕

B. 没什么，大家都一样，要互相理解

C. 区别对待，有坏人也有好人

D. 非常喜欢结交陌生人，我认为每个人都很友善

10. 在和他人建立关系时，你是否会为了迁就对方，有意隐藏和压制自己的个性？

A. 绝不会

B. 经常这样

C. 会考虑有没有别的选择，如果必须这么做，我会做的

D. 我只在工作关系上这样做

11. 在一个新环境中，你认为自己的融入速度怎么样？

A. 很快

B. 需要几天时间

C. 很难融入，经常为此苦恼

D. 从没换过环境，不知道

12. 当得不到周围的人认同时，你的表现是怎样的?

A. 感到沮丧

B. 无所谓，只要我认为正确就可以

C. 积极寻找原因，改变自己，并寻求认可

D. 不会改变自己，努力说服他们

13. 在今天的"陌生人社会"中，能力和关系，你认为哪个更重要?

A. 能力至上

B. 关系最重要

C. 两者均不可或缺

D. 其他更重要，比如机遇

14. 如果总是感到孤独或失落，你觉得原因出在什么地方?

A. 朋友太少，而且别人不理解我

B. 环境原因，缺少交流机会

C. 我天生悲观，和别人没关系

D. 朋友虽然多，但我迎合别人过多

15. 现在，对你影响最大的"关系人"是?

A. 亲人

B. 朋友

C. 同事

D. 客户

16. 对你来说，现在生活中最大的困扰是什么？

A. 工作和赚钱

B. 功利性的人际关系，想找到自己的"贵人"

C. 家庭和婚姻

D. 心灵的交流和表达，需要一个真正的朋友

17. 如果有陌生人突然敲你的门，你的第一反应是？

A. 推销员或快递员

B. 新搬来的邻居或社区管理员

C. 强盗、小偷

D. 警察

18. 你平均每天会认识多少陌生人，或者跟他们发生联系？

A. 每天都会在网络上认识不少人

B. 每天都结识大量陌生人，因为我是业务员

C. 很少，每个月不会超过三个

D. 不记得，对此不在意，也不用心

19. 你认为"陌生人"会对你将来的生活产生重大影响吗？

A. 是的，他们对我的未来很重要

B. 一点也不会

C. 不知道，不在意

D. 已经在发生重大影响

20. 遇到一个和你的兴趣不同或观点完全相反的人，你会如何面对？

A. 立刻走开，不听他说什么，也不理他

B. 跟他辩论，直到说服他

C. 虽不耐烦，但假装在听，应付他

D. 我会很有兴致并且投入地跟他交流不同的观点

21. 在陌生的场合，和陌生人交谈后，你能记住他们的名字吗？

A. 对此我很确定，能

B. 不知道

C. 重要人物能记住，其他人不确定

D. 从来都记不住

22. 你会在意陌生人对你的印象吗，哪怕从此你们不再联络？

A. 无所谓，不在意

B. 很在乎，所以特别注意形象

C. 如果是很重要的人，就在意

D. 有时候会莫名地在意

23. 和陌生的异性相处，你会？

A. 感到尴尬，会很谨慎，并盼望赶紧结束

B. 很自然地交谈

C. 一句话不说，望向别处

D. 觉得无所谓，但没有必要，绝不交谈

24. 上司让你在一个很大的工作聚会中当众演讲, 你的第一反应是?

A. 兴奋, 盼望已久了, 这是一个机会

B. 对我来说这是拿手好戏, 没什么

C. 紧张, 但是好好准备

D. 惧怕, 想办法拒绝

25. 你在心中将自己的朋友划分等级吗, 比如按照身份、地位、对自己是否有用和财富的多少来划分?

A. 绝不

B. 我一直这样

C. 偶尔会有这种想法

D. 我有自己独特的划分标准

26. 你在陌生人面前, 会表现出什么样的心理状态?

A. 平常心

B. 紧张的情绪, 但希望有好的交流

C. 警惕的心理, 想尽快走开

D. 不知道, 没和陌生人打过交道

27. 如果你有一个最好的朋友, 你们认识多长时间了?

A. 一年以内

B. 三年以内

C. 三年或五年

D. 十年以上了

28. 如果有一个不是很熟的人突然对你开始百般讨好，你会怎样做？

A. 以平常心与对方交往

B. "无事献殷勤，非奸即盗"，不动声色地提防他

C. 即刻拒绝，这样就不用担心他有什么企图了

D. 最近不知道怎么了，人缘总是很好，好高兴

29. 对于自己在团队内的合作精神，你如何评价？

A. 很擅长团队合作

B. 很不擅长，我很孤僻

C. 及格，不突出

D. 不清楚，没想过

30. 如果让你给自己当前的人际关系和交际能力打分，你会打多少分（10分为满分）？

A. 0~5分，很差

B. 6分，刚及格

C. 7~8分，还行

D. 9~10分，非常好

请留下您的个人资料

姓名：

职业：

性别：

出生年月：

电话：

电子邮箱：

地址：

您对本书的评价：

您希望得到的人际方面的建议：

您对我们的建议：